舒麗——著

不是為了爭吵才跟你在一起

如何在溝通中改善親密關係

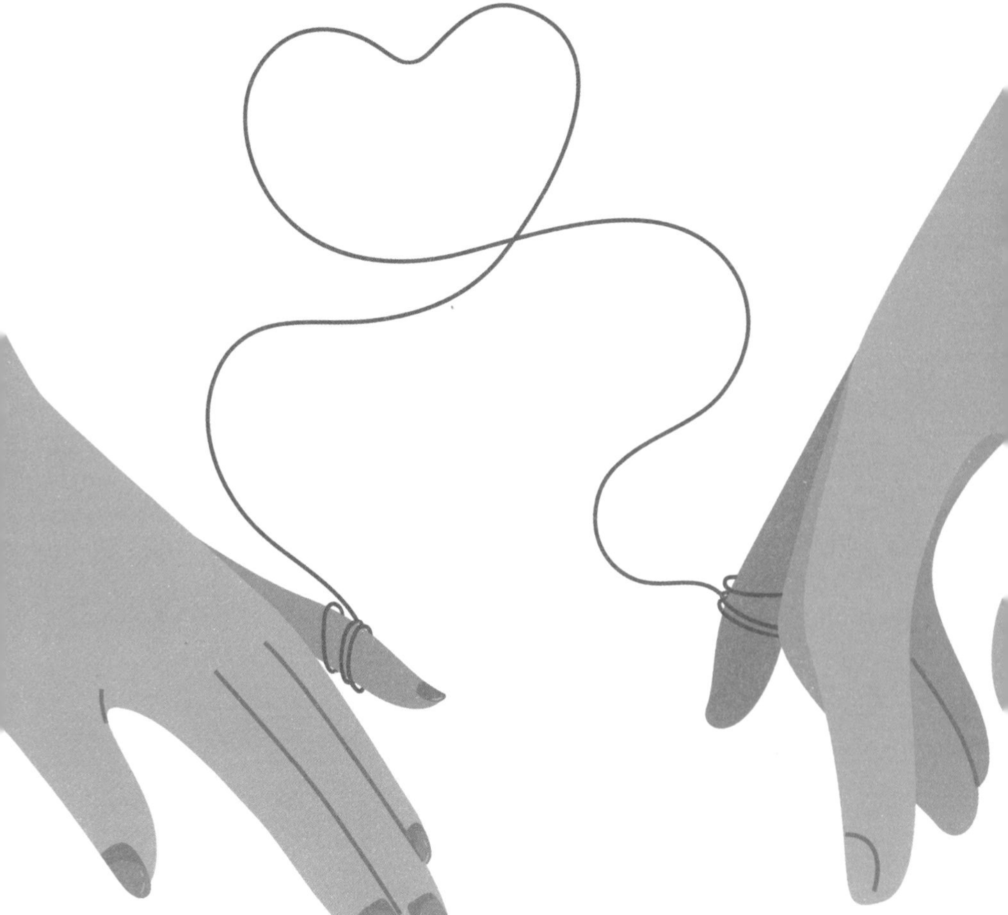

時報出版

CONTENT

CONTENT

CONTENT

CONTENT

推薦序：在親密關係裡遇見更好的自己

可能很多女性都有這樣的感覺：滿懷憧憬地走入婚姻，原以為找到了一個為自己遮風擋雨的伴侶，沒想到生活裡最大的風雨竟然是婚姻帶來的。提起婚姻，每個已婚女性都有傾吐不完的煩惱。愛情帶來的甜蜜不足以抵擋生活裡的雞毛蒜皮，兩個相愛的人為了長相廝守而結合之後，面臨的最大問題始終是「如何相處」。不得不承認，婚姻眞是一門高深的學問。

好的婚姻關係一定是悉心經營出來的。我們對待親密關係的認識，以及對自我、對伴侶深層次的理解，都關乎我們與人相處時的狀態。本書的作者舒麗是一個很有經營意識的人，她親歷了婚姻生活裡期待與現實的矛盾、索取與付出的矛盾，也深刻體驗過如何從內心失衡的狀態一路成長到從容平和。她在書中把自己在親密關係磨合過程中的經驗與教訓毫無保留地分享出來，為我們揭開了很多共性問題的答案。

初識舒麗，只覺得她思想單純，經不起太複雜的人際關係。她本人是高敏感特質，內心世界極其豐富，外界的任何一點風吹草動都能在她心中掀起一場暴風雨。與此同時，她在為人處世方面也過於認眞，變通不足，必然會在人際交往中走不少彎路。所幸她對心理學有著濃厚的興趣，彎路也便成了她學習成長的方式。她是個特別「執拗」的人，無論是對待學習、工作還是生活，總是一根筋地想鑽研透澈。比如讀書，她從不會止步於了解書本理論，一定要在大量的生活實踐驗證的基礎上才會接納吸收，對心理學的研究更是如此。

這份執拗是令人敬佩的。她曾問過我一個問題：「你有沒有覺得我很笨？」當時我一驚，心裡的肯定答覆差點脫口而出。不過最終我還是沒有正面回覆她，只是問她為何這樣想。她解釋說，在遇到問題的時候，別人似乎都有一套自己的方法論，而她總是要摸索好久才能找到答案。

看到這本書的時候，我終於可以坦蕩地回覆她的問題了：沒錯！這就是真正的她——不會八面玲瓏、沒有所謂的「高情商」，她一直以略顯笨拙的方式與這個世界打著交道，小心翼翼地探索著，驗證著。也正是這樣的她，琢磨出來的經營之道對普通人的參考意義才更大。

她沒有天生解決問題的智慧，卻不懼怕面對問題；她並沒有遇上十全十美的愛人，但她有經營好一份感情的耐心。這樣的「笨」恰恰是難得的人生智慧，讓她在與生活的一次次交手中日益強大。

在本書中，你可以看到對婚姻沒有安全感的珍妮、想要改造伴侶的小雨、在婆媳矛盾中對丈夫心寒的許諾……她們身上都有普通家庭女性的影子，就猶如我們鄰家姐妹和我們自己，舒麗對問題的思考也一定會帶給你很多啓發。在親密關係裡，讀懂伴侶種種不合理行爲背後的合理動機，讀懂隱藏在自己情緒背後的本質需求，是我們的必修課。最終我們會明白，好的婚姻不是遇見一個足夠好的人，而是在日復一日的煙火生活裡遇見更好的自己，給自己的心靈找到眞正的歸屬。

願你在親密關係中認識更深層次的自我，最終找到與這個世界和平相處的方式。如此，這本書才算完成了它的使命。

青年作家　田青青

推薦序：一起走過風雨的人才有未來

我總覺得好像已經認識舒麗許久了，但仔細想來，短短兩年而已，但她絕對是我很重要的一個朋友。雖然我沒有時時刻刻與她保持交流，但一旦開始交流，總是停不下來。聊來聊去，除了文學就是生活。

說來神奇，我們的生命中有許多有交集的時刻，在某一個生命的時間點，好像都發生了同樣的事情，等待我們一起去經歷。比如，父親生病要採用怎樣的手術，是否要開啓全職寫作的人生選擇……還好，在發生這些事情的同時，我們彼此陪伴，然後安然無恙地把悲傷、痛苦一併踏過去了。我用「踏」這個字，帶著一些無畏、果敢。事實上，我和舒麗都很膽小，怕失去，怕辜負，所以對文字、對身邊的人，敬畏心很重。

當你走進舒麗的文字，就會發現她的內心非常溫柔、寧靜，總能準確地捕捉到別人的情緒，讓人信賴、舒服，這種特質是寫作者特有的迷人特質。她的寫作風格很穩，總能準確地捕捉到細微的風與角落。

還記得第一次與舒麗交流，收到她給我的留言，那麼眞誠，那麼用心，便深深打動了我。我沒有見過她的人，甚至沒有深交過，但每次看她的文字，卻很像失散多年的老朋友……我相信每個打開她的書，看到她文字的人，都會有這種感覺，那是一種娓娓道來，不刻意的美。現實生活中，我們都需要這樣一個朋友，她筆下的文字會讓你豁然開朗，感同身受。

我一直以爲寫作者終身的任務是要寫故事，故事迷人才是寫作的核心。看完舒麗的文字，我喜歡她筆下的這些分析，這些故事、人物、細節、衝突，讓我有一種代入感，讓我明白，原來這個世界還有另一種方式。每個人的內心都可以被打開，都可以換一種角度來理解，釋放或者是被原諒。

所有的事情都有許多解決的管道，但酷愛讀書、酷愛寫作與心理學的她，有自己理解的那條路要走。心理學與人的成長密不可分，能把事情從心理學的角度出發去釋義，只有包容的人，有著遼闊的內心、獨特的心境才能做到。這樣的作者可遇不可求，遇見了，一定要在她的文字裡坐一坐，才能懂她看到的風景甚好。

寫作除了寫故事、感受，還有日常、詩與遠方，只有把這些融合好了，才會顯現出自我獨特的一面。在舒麗的筆下，這些都有呈現。我們寫作者的任務，就是要這樣去努力豐富筆端下的人與事，才能讓生命中所有的回憶，沉澱下來，落入人海。

就在這個下午，我坐在上海最繁華的陸家嘴街道上的一家咖啡館，看完她的新書最後一頁。夕陽落下，已是黃昏。我敬重每一位寫作者，尊重每一個文字，尊重每一位願意敞開內心與他者交流的人。寫作者要絕對眞誠，才能調動情緒，才可與讀者交流，令其遐想，深刻湧動。

我相信你們，也會帶著好奇和敬重，聽她把故事講完，再分析日常心理給我們，讓理解的人理解得更加深刻，讓不理解的人開始愛與理解自己，而後頓悟。這種頓悟彌足珍貴，要知道我們來到這世間，不只是來看看太陽，還要走進人群之中，去感應到內心的暖流。而我執著地認爲，內心的那種情緒的湧動才是活過的眞切。不管處於何種境地，都要時刻感受內心，尊重內心，尊重自己的人生。

看舒麗的文字，無端懷念起自己的一些朋友，比如我的大學同學好好，十年來，她一直在拍我，記錄我的成長與變化。我們約好每年見一次，每年拍一次，不知不覺居然拍了十年。十年有多短？幾張照片彷彿就能說完。十年有多長？彷彿寫盡我的一生，也無法訴說清楚。

偶爾，我們也會聊起曾經的同學，發現不自覺地，大家都成了有故事的人，在各自的煙火生活中隱入塵埃。可這些故事彷彿屬於其他人，並不屬於我記憶裡的那些人，我還是更懷念彼此青澀的時刻，坐在校園的鏡湖旁邊，帶著純眞的笑臉。即使一切經歷地震，也不覺得慌張，反而一起在那個時刻，去暢想未來，去把酒當歌。如今再聽彼此畢業後的故事，無限唏噓、感慨、悲哀、懷念，當然，這些詞都太單薄了，不足以來概括流轉的心境。

我只能帶著一路的風雨和生活的沉重感，對命運忽明忽暗的歡喜或憂鬱，勇敢地往前走著。好想對那些走散的人說，我想和你好好的……因爲我相信只有一起走過風雨的人，才會有故事、有記憶，人生才深刻，路也會遼闊。

看完這本書，我才懂得，我的朋友，曾經的情人，有過誤解的匆匆過客，不管身在何處，我都期待你好好的，是否還會想起我不那麼重要了。重要的是，我們一定要好好地走好自己的路，即使沒有他人的陪伴，也可以走得坦坦蕩蕩，無所畏懼，心生歡喜。

有時也會想，如果我在特別年輕時，再多一些努力，再多走一些路，再豁達一些，會不會少一些遺憾。我不怕彎路，我怕不曾抵達，回憶空白。所以，往下的路，我要更認眞、眞誠、保持初心與天眞，勇敢地走下去。與舒麗一起走，無畏地走下去。

遇見朋友、愛人、親人，會生出許多溫暖，我要和你好好的。如果眼前是風雨，就去面對風雨，如果眼前是陽光，我們就在光下擁抱一會兒。

如果你是疲憊的旅人，願舒麗的文字是一縷清風，迎面而來。如果你也是寫作者，願她的故事是一杯酒，我們不醉不歸。

青年作家 韋娜

自序

親愛的朋友，你好啊！感謝你能翻開這本書，讀到我的文字。我相信，這場相遇是冥冥之中注定的緣分。希望你能喜歡我的文字，能夠從我的文字中獲得能量，收穫成長。希望我的文字能夠溫暖每一個相遇的人。

寫下這些文字時，我剛剛進入而立之年。我的文學夢在這一年得以實現，我真的很開心。這本書主要基於我和我老公王先生的感情經歷以及其他朋友的情感故事所寫，包含了我對兩性心理的一些分析，希望能解決你的一些情感困惑。

我和我的老公王先生相識於二〇一〇年，那時我才十九歲，剛剛上大學。我們相愛六年後走入婚姻，那時我二十五歲。如今，我們的孩子已經二歲了，我們也都進入而立之年。

我們從校園戀情走入婚姻這十二年來，有過誤解，有過衝突，有過快樂，也有過痛苦，更有過感情危機，差點就離開彼此。幸運的是，雖然我們這一路走得跌跌撞撞，但兩人之間的感情越來越深厚，也更加篤定我們要相知相守一輩子。

我們現在既是彼此最好的朋友，最親的家人，也是最懂彼此的愛人，最佳的婚姻合夥人。很多朋友都曾羨慕我們是眞正的靈魂伴侶，琴瑟和諧，彼此扶持，共同成長。

可是，很多人卻不知道，我們也經歷了大部分伴侶都會經歷的很長的爭吵磨合期，哪怕現在，我們也時常爭吵，矛盾重重。但每一次爭吵，似乎都讓我們更了解彼此，離彼此更近。

這是因爲我們一直都在積極溝通，遇到任何問題都不會逃避，也不會相互埋怨。我們總是想方設法去深入交流，把心結打開，開誠布公地聊，聊到我們彼此都滿意，所以才沒有讓矛盾越積越深。

溝通交流是建立親密關係的基礎。我和王先生的相愛離不開彼此相互表露，可以說，正是因爲有了最初的自我表露，我才能一直以眞實的自我與王先生交往，彼此都沒有經歷幻想破滅期。

其實，王先生不是我的初戀。在和王先生交往前，我還有過一段很短的戀情，我當時很愛很愛那個男孩子，總是想在他面前盡力展示自己最好的一面，從來不敢曝露自己脆弱不堪的那一面。

我經常猜想他應該會喜歡什麼樣的女孩子，然後刻意表現出那個樣子。我很少主動表露自己眞實的情緒和情感，愛得很克制，很小心翼翼，以至於都快失去了眞實的自我。

這段無疾而終的初戀對我的影響很大，很長一段時間，我都在自我懷疑，活得很痛苦。也就是從這個時候開始，我對兩性心理學特別感興趣。我總是會想，爲什麼我的愛情會這樣無疾而終？我愛的到底是他，還是我幻想出的他？眞正愛一個人到底會有哪些表現？人這一生會愛上很多人，還是只會愛上一個人？愛情是唯一的嗎？我應該怎樣去愛一個人？

關於愛情，我有太多的疑問，當時卻只能從書中找答案。於是，從進入大學開始，我就如飢似渴地去自學心理學，看的大部分書都與兩性心理學有關。漸漸地，我明白了爲什麼我的初戀會這麼倉促地結束了。

因為我在不對的時間愛上了一個不對的人，我是那麼不成熟，而對方也有自己的路要走，無法和我一起成長，這樣的感情又怎麼長久得了？所以，在遇見王先生後，我經常和他聊很多深層次的問題，以確定這個人到底是否與我契合。

在他對我第一次表白時，我就坦誠地跟他說了我的擇偶標準，希望未來的另一半是一個有上進心、責任心、正義感，並且有涵養的人。他說他本來就是這樣的人，只是涵養還需要多加修煉。

在後來的考察中，我發現他確實具備這些特質，而這些特質是我最看重的，其他的都不那麼重要。每個人都有自己的缺點，只要他的優點在，缺點是可以包容的。畢竟，沒有完美的戀人，任何人都是不完美的。

不僅是最開始的坦誠溝通讓我們能以眞實的自我走入親密關係，而且在日後的相處中，我們遇到問題，一般也不會讓矛盾累積到第二天。記得在大三那年，王先生突然跟我說，他覺得我並不需要他，他想暫時分開一段時間，看看我是不是還需要他。

我的第一反應是他是不是在找藉口，想要離開我，他不愛我了。但我並沒有生氣，也沒有耍脾氣，而是很認眞地跟他說：「如果你這次和我分開，我不會再給你機會靠近我，如果你可以承擔後果，眞的不想和我在一起了，那就分開。如果你是覺得我不需要你才離開我，那你就實話跟我說，我哪些表現讓你覺得我不需要你。」

於是，他很坦誠地細數了很多方面的表現，總而言之，就是我太過獨立，太過優秀，讓他覺得自己沒有用武之地，讓他覺得很受挫。我聽他說完，才發現自己一直以來存在的問題。

因爲從小到大，我是家裡的老大，很早就承擔起照顧弟弟的責任，習慣了獨立。甚至在和朋友的相處中，我也很少麻煩別人，凡是自己能做的事，就不會去尋求任何人的幫助。

我把這種獨立帶到了親密關係中，殊不知一段長久的親密關係一定是獨立和依賴的相互平衡。太過獨立，就沒法建立深度的親密關係。只有學會適度依賴，才能讓親密關係更進一步。

如果這次，我們沒有開誠布公地深入交流，就很可能因爲誤解而分道揚鑣。實際上，很多關係都是在誤會中結束的。正因爲我們積極溝通，我才知道了他的情感需求，他也了解了我的過往經歷，之後，我們的關係更親近了。

我們畢業後還經歷了兩年異地戀，很多人都說校園戀情很難走入婚姻，更別說還要經歷兩年異地戀了。但在異地的兩年裡，我們依舊每天都在交流，中午一通電話，晚上一次視訊，互道了一千多個晚安，每一天都從未缺席，也總有著說不完的話。正是因爲我們每天都在聊天，所以對彼此的生活和工作情況都瞭如指掌，對彼此的喜怒哀樂也了然於心，就像從未離開過彼此身邊。

結束兩年異地戀，走入婚姻後，我們也遇到過很多新問題。畢竟婚姻裡總是充滿一地雞毛，問題也就接踵而至。比如，透過學習心理學，我發現我們對愛的需求不同，王先生需要的是身體的接觸，也就是說，他需要我經常抱抱他、拍拍他，給他一些肢體接觸，這樣他才能感受到我對他的愛。

而我需要的是鼓勵的話語。我需要他時常讚美我、鼓勵我，我能從這些讚美的話語中感受到他對我的愛。在我們知道兩人對愛的需求不同之前，我們會時常覺得對方不夠愛自己，因爲我們總是在以自己需要的方式去愛對方，而不是以對方需要我們的方式去愛他。在清晰地知道彼此對愛的不同需求後，就會愛得更輕鬆，也能進一步感受到彼此的愛意了。

在有了孩子的這兩年裡，我們的婚姻遇到了前所未有的挑戰。可能由於初爲人父母，夫妻關係之外突然又多了一層親子關係，我們都需要時間去適應這一新角色。於是，我以書信的方式和王先生來了一場深入長談，以下是這封信的內容。

親愛的王先生：

今年，是我們相識的第十二個年頭，結婚第六年，馬上就要迎來所謂的七年之癢。從校園戀情走入婚姻，很多人都曾羨慕我們純真的愛情，羨慕我們幸福的婚姻。

如今，我們的孩子也兩歲多了，馬上就可以上幼兒園了。我們結婚四年才有孩子，這是我們計劃好的，也做好了充足的準備，希望能給他最好的一切。

我們不再僅僅是夫妻，還是孩子的父母，這層關係的變化，說實話，我們剛開始都不太適應。畢竟第一次為人父母，誰也不知道能不能做好，所以我們經常一起討論怎麼能更好地養育孩子。

孩子的到來在給我們帶來快樂的同時，也確實帶來了很大的挑戰。他是個高需求寶寶，需要我們付出更多的時間和精力。我們夜裡輪流哄睡，他剛出生的那個月，尿布都是你給他換的，你給他洗臉、洗屁屁、洗澡，一切駕輕就熟。你一直喜歡孩子，儘管他很難帶，你卻一直對他充滿耐心。

從出生到現在，無論他怎麼鬧，你從來沒有發過脾氣，甚至沒有煩躁過。你總說他只是一個小寶寶，什麼都不懂，你對他的那份寵愛，甚至讓我都有點羨慕。那種父母對孩子無條件的愛，在你身上體現得淋漓盡致。

我卻好像沒辦法一直保持耐心，我經常會因為他的高需求而崩潰，經常感覺力不從心，還會忍不住發脾氣。你不能理解我為什麼會這樣，你覺得我自私，那是我們的孩子，我應該對他有足夠的耐心，遇到問題就解決問題，而不是發脾氣。

每次我發脾氣，你都接受不了，甚至覺得我不可理喻，有點神經質。你害怕我發脾氣會影響孩子的成長，因為這個，我們吵過很多次。我只是希望你能體諒我的辛苦，給我多一點理解和包容，而你似乎怎麼也不理解我為什麼會發脾氣，每次都跟我講道理，讓我改變自己。

後來，我不再奢求你能理解，或許這就是男人和女人思維本質上的差異吧，你永遠無法理解我作為媽媽的感受。這世上本就沒有真正的感同身受，哪怕夫妻之間也做不到。

我只能努力去改變自己，畢竟除了這點分歧，我們在其他方面都很合拍，我不想因為這個影響我們之間的感情。你在努力做好一個父親的角色，我不能太貪心，不能對你要求太多，因為我們都不完美，都需要不斷成長。我期待自己，脾氣能夠好一點，不再那麼急躁，多一點耐心，內心多一點柔軟，期待我們的關係能夠越來越融洽。

我一直覺得，在一個家庭裡夫妻關係應該要高於親子關係，只有父母相愛，相處和諧，才能給孩子最好的愛。你也認同這點，只是孩子剛剛到來，我們還不太會平衡好夫妻關係和親子關係，都對孩子投入了太多關注，有點忽略了彼此。我希望，我們能夠漸漸多關注彼此一點，多花點心思經營夫妻關係。

我們共同的目標，是希望這個家越來越好，孩子能夠健康快樂成長，我們能夠越來越幸福。你相信我能做到嗎？我相信你，我對我們的感情一直很堅定，儘管我們有過很多次矛盾和爭吵，但我從未想過要和你分開。我們彼此相愛，善良有品，只需要多交流溝通，多理解包容，我希望我們都能意識到這點，並不斷努力做到。

不長不短的六年，我也算學到了不多不少的道理，其中最重要的是：爭吵都是為了表達需要，婚姻裡的每一滴苦澀，都來自沒有被理解的需要。我們感情一直不錯，但我們的個性和自我意識都很強，一次次的徹夜長談，一次次解構和重建我們的溝通方式，才有了今天的我們。

一路走來，我們都不容易。我很珍惜我們之間的感情，珍惜我們在一起的美好時光。最後，我要謝謝你一直以來對我的包容，對我夢想的支持和鼓勵，讓我可以一直做真實的自己。

謝謝你對這個家的付出，我都看在眼裡，記在心裡。你是一個好父親、好老公，我也在努力做一個好媽媽、好妻子。正所謂夫妻同心，其利斷金。只要我們一起同心協力，未來一定會越來越好。

王先生看完這封信後很感動，他也對自己進行了反思。經過這一場深入溝通，我們對於彼此的新角色有了更深的認識，自我成長了很多，也達成了很多共識，有了更多經營婚姻的智慧。

也就是說，我們在親密關係中總是會遇到重重障礙和種種問題，而大多數問題本質上都是溝通出現了問題，只要我們不放棄交流，積極主動溝通，總能找到問題的突破口，去解決一個個問題，讓親密關係不斷進階。

由於我這些年來一直深入研究兩性心理學，所以我在寫作上也一直深耕這個領域。我在很多心理類公眾號上發表過多篇閱讀數量在十萬人次以上的爆文，是情感類公眾號潘幸知、《婚姻與家庭》雜誌、武志紅等平台的簽約作者，寫過很多篇有一些影響力的情感文章。

我還有自己的自媒體平台，經常會收到很多讀者的來信，他們和我講述他們的情感故事，希望我能解決他們的感情困惑。因此，我接觸了大量情感諮詢案例，能夠用自己的專業知識給他們分析感情問題，讓我覺得很有成就感和價值感。我看到了太多人在感情中遇到的各種問題，也給了他們很多切實可行的建議。

我希望把在自己感情中遇到的一系列問題，以及在別人的感情中看到的一系列問題分享給更多人，因爲很多人的問題其實都是相似的，我們總能從別人的經歷中看到自己的影子。你會發現，你並不孤單，也不是異類，你所遇到的感情困惑，其他人都經歷過。這些問題都是親密關係中的共通問題，也都有相應的解決辦法。

一段親密關係，能夠幫助我們看到自己未知的部分，讓我們意識到自身存在的一些問題。所以說，親密關係到最後，都是我們與自己的關係。無論是好的關係還是壞的關係，都能讓我們實現自我成長。

在一段親密關係中，不要害怕衝突，也不要去逃避溝通，每一次溝通哪怕是衝突，都是曝露彼此問題和了解彼此的契機。想要擁有一段長久幸福的親密關係，溝通一定是終極密碼。生活中沒有一勞永逸的關係，所有親密關係都需要我們用心經營和呵護，而溝通能讓兩顆心越來越近。可以說，經營親密關係也是一條終身成長之路，需要我們不斷學習和修煉自己。

願你能在這本書中找到提升自己親密關係品質的溝通密碼，獲得經營親密關係的智慧，擁有一段幸福長久的親密關係。

在此，我要特別感謝編輯陳曉冉老師，是她在茫茫人海中發現了我，給了我出書的機會，讓我圓了自己的出書夢，她是我寫作路上的伯樂和貴人。同時，我要感謝中國法制出版社幫我順利出版了人生中的第一本書。

感謝爲我寫推薦序和推薦語的老師，包括田青青老師、韋娜老師、十二老師、晚情老師、李菁老師和閆曉雨老師。是田青青老師帶我走上了寫作這條路，在最開始的時候發現了我的寫作慧根，給了我很多機會，讓我盡情發揮自己的寫作才華；韋娜老師已經出版了五本暢銷書，她對寫作的熱愛讓我動容，她經常鼓勵我一定要堅持寫下去；十二老師是我大學時代的榜樣，我很早就閱讀了她的暢銷書《不畏將來，不念過去》，成了她忠實的讀者，沒想到居然也能得到她的推薦；晚情老師對人性的洞察，讓我佩服；李菁老師是一個文藝女青年，也很有商業智慧；閆曉雨老師才二十六歲就出版了五本書，是一個非常優秀的「九五後」，我和她很同頻，也是好朋友。感謝她們對我的抬舉和支持，所有幫助過我的人，我都銘記於心。

感謝給我提供眞實情感故事的朋友，是你們的故事豐富了我這本書的靈魂，給我帶來了源源不斷的寫作靈感。從某種程度上來說，你們也是這本書的共建者，這本書同樣屬於你們。

最後，衷心感謝我的讀者，因爲特別的緣分，你我才會在這本書中相遇，實現同頻共振。當你翻開這本書時，我的文字就成了我們彼此溝通最好的橋梁，我們之間就開始有了故事。如果你被我的文字溫暖，一定要記得將這份溫暖傳遞給你身邊的朋友，向他們推薦此書，那將是對一個「素人」作者最大的鼓勵和支持。

感恩所有的遇見，希望你能夠開啓一場美好的閱讀之旅，在親密關係中遇見更好的自己。如果你透過踐行這本書所述的方法，改善了親密關係，請一定告訴我，我的微信公眾號是【遇見麗麗赫本】，你們的積極反饋就是我繼續前行的最大動力。

PART 1

PART 1

溝通，是建立親密關係的基礎

你現在的伴侶，是你理想中的另一半嗎？

大多數人在年輕的時候，總是會對未來的另一半充滿幻想，心裡也會有自己的一套擇偶標準。但最終，我們可能會發現，自己的另一半並不符合當初自己理想中的標準。

我一直以來都是一個文藝女青年，青春年少時就曾幻想自己未來的另一半應該是高大帥氣、儒雅博學的謙謙君子，就像電視劇《一生一世》中的周生辰那樣完美。

等到長大有了基本的自我認知後，我的擇偶標準就下降了點，畢竟我也沒有女主角時宜那麼美麗聰明、博學多才，又怎麼能奢求擁有那麼完美的另一半呢？人貴有自知之明，才能找到與自己眞正匹配的另一半。

我現在的先生高大帥氣能達標，但儒雅博學卻差得很遠，頂多只能算比一般人更愛看書罷了。和我差不多是半斤八兩，也算「不是一家人不進一家門」吧。

心理學上有個「適配價值」的概念，也就是作爲另一半的綜合吸引力。這個綜合吸引力可能包括：長相、性格、社會資源和經濟條件等等。我們在確定自己的擇偶標準時，可能都會考慮這些因素，並且越是到了應該結婚的年齡，考慮的因素也會越現實。

我有一個朋友叫小娟，今年三十二歲，單身，相貌平平，是一家公司的會計，月薪五千元左右。她對另一半的要求非常高，要求對方年薪五十萬元起步，有車有房，長得要帥，性格要好。其實，她的追求者一直都有，可她不是嫌人家長得不行，就是嫌人家工資太低，總而言之，就是離她的擇偶標準太遠，她根本看不上。她覺得，女人這一生最重要的投資就是婚姻，一定要嫁給一個優質男。

她的擇偶態度本也無可厚非，每個女人都想嫁得好，這是人之常情。但是她忽略了一個很現實的問題：她想要一個高適配價值的男人，但她拿什麼來吸引高適配價值男人？

「相互依賴理論」認爲，人們就像購物那樣在「人際商場」裡瀏覽所有人，尋找最合意的商品。每個人都在尋求以最小的代價獲取能提供最大獎賞價值的人來交往，我們只會與那些能夠提供足夠利益的伴侶維持親密關係。由於每個人都這樣做，所以親密關係中的另一方必須滿足我們的利益才能讓親密關係維持下去。

相互依賴理論看起來可能很現實，可婚姻從本質上講其實就是一場社會交換，我們都在和另一半交換各自的價值。明白了這一點，你就需要重新審視一下自己，你自身到底有什麼優勢和劣勢，能吸引來具有什麼樣適配價值的伴侶？

如果你想吸引高適配價值的伴侶，可能需要自己先成爲高適配價值的人。比如，你想吸引來一個高富帥，自己的長相肯定不能太差，至少得有自身的某種優勢，無論是長得美還是氣質佳，或者是聰明伶俐，成熟知性等等。總之，伴侶能從你身上得到自己需要的獎賞價值，親密關係才能得以建立。

拿朋友小娟來說，她的適配價值決定了她所在的圈子很難出現她想要的另一半。她如果對另一半有高標準，首先自己得對自己有點要求，不斷追求自我成長，讓自己變得更優秀，進入更優秀的圈子，才有更多的選擇性。如果她止步不前，只局限在自己的小圈子裡，就很難遇到心儀的另一半。

很多大齡女青年，排除那些眞正的單身主義者，之所以未婚，其實都是在等那個高適配價值的人出現。只是有些人永遠都只在原地空等，幻想著某一天與自己的白馬王子不期而遇。而有些人則不斷努力提升自己，不斷激發自己的潛力，探索自身更多的可能性，不斷成長，漸漸成長爲自己期待中的樣子，與期待中的伴侶在某一天棋逢對手，墜入愛河。

我的另一個朋友佳佳，就是這樣一個不斷追求自我成長的女孩。她現在是一個暢銷書作家，有著自己的公眾號和工作室，雖然長相普通，卻氣質優雅知性，思想獨立。她之前也跟我說過她理想中的另一半是什麼樣子：「不求大富大貴，至少努力、上進、有責任心；不求有多帥氣，至少看得順眼；不求有多博學多才，至少能接得上我拋出去的話。」

後來，她的另一半讓所有人都羨慕，不僅帥氣多金，還氣質儒雅，性格超好，標準的「暖男」一枚。而這都是靠她的自身魅力吸引來的。在佳佳沒有成為足夠優秀的自己時，她一直努力修煉，讓自己足以配得上最好的一切。所謂你若盛開，清風自來，便是如此。

爲什麼到頭來，很多人的伴侶不是自己理想中的另一半呢？一方面，自我認知不足，高估了自己，設立了過高的擇偶標準，像小娟一樣，自然很難找到匹配的另一半。另一方面，所謂理想中的另一半只是幻想出來的，可能並不適合自己，等到實際生活中遇到了一個自己喜歡的人，自然也就放下了那些標準。標準是在那個人出現之前設立的，等到遇見了讓自己眞正傾心的那個人，所謂的標準就變得沒有那麼重要了。

那麼，如何才能盡可能找到理想中的另一半呢？

1. 建立清晰的自我認知

你首先得非常了解自己，對自己有清晰的認知。不要試圖透過尋找另一半去彌補自身缺失的部分，那樣很可能會以我們對感情的失望而告終。只有自我完整的人，才能找到完整的另一半。

你可以把自己的優缺點列在紙上，把與父母相處中出現的問題也都寫下來，來一場深度的自我剖析。想一想自己可能存在的問題，接納自己的不足，然後去不斷完善自己。在足夠了解自己的前提下，再去想想自己內心想要找的另一半是什麼樣的。只有足夠了解自己，才能遇見那個對的人。

2. 找三觀契合的另一半

無論你的擇偶標準有哪些，一定要有一條，就是要找與自己三觀契合的另一半。這一點在剛開始戀愛時，可能顯得沒那麼重要，畢竟只要彼此有感覺、有激情，就有可能走到一起。但在以後的長期相處中，尤其是走入婚姻後，這一點是直接決定兩人親密關係能否穩定長久的關鍵因素。

在愛情中，如果三觀不合，無論面臨大事小事，都很容易起爭執，越爭執，矛盾越多，到最後感情就會越淡。三觀不合是人與人之間最遙遠的距離。不在同一個頻道的兩個人，無論怎麼交流溝通，彼此都無法做到眞正理解。

《紅樓夢》中的賈寶玉與薛寶釵就是最好的例證。雖然兩人結婚了，但最終還是以寶玉出家收場。因爲寶釵和寶玉在本質上就不是一類人，寶釵是精通世故的世俗之人，而寶玉對一切功名利祿都不感興趣，注定了他們無法走入彼此的心裡。所以，即便最後寶玉娶了寶釵，但他們之間自始至終都有很大的距離，無法眞正親近對方。「縱然是齊眉舉案，到底意難平」就是對三觀不一致最恰到好處的詮釋。

三觀不一致的人，在一起時間越久就越會發現，很多問題是無法調和的，即使再多磨合，兩人也會漸行漸遠。一輩子很長，強融在一起的兩個人是很難走到最後的。眞正能長久的感情，一定是彼此默契十足，相處舒服。所以，一定要選擇與自己三觀一致的另一半。

3. 不斷調整擇偶標準

在充分了解自己後，你需要不斷調整自己的擇偶標準。因爲人是在不斷變化的，隨著你不斷成長，個人優勢、劣勢也會發生變化，自我認知水準也會改變。你需要隔一段時間便結合當前的現實情況，重新審視一下自己的擇偶標準，使理想中的另一半更貼近現實。當然，你也可以一開始就設立高標準，然後透過不斷努力提升自己，讓自己足夠配得上這個標準。

4. 盡可能放寬標準，讓擇偶標準有彈性

不要太固守所謂的標準，還要多用心體會愛的過程，以一顆眞誠的心與人交往。不要因爲標準而蹉跎了歲月，耽誤了自己寶貴的青春年華，也錯過了對的人。

另一半，是相似好還是互補好？

我和我先生都是內向者。在大考後的那年暑假，我加入了大學新生群，內向的我在網路上卻一點也不內向，在群裡很是活躍，積極發言聊天，顯得幽默風趣。偶然一次，我和泉水（我先生的網名）同時在群裡問了同一個問題，然後兩人就聊開了，鬼使神差地互加了好友。之後，我們天天私聊，共同話題有很多。這是之前與其他人很少有的，我一向喜歡與人進行深度交流。

我發現這個素未謀面的泉水也傾向於這種聊天形式，很少會進行表面的寒暄，竟有一種相見恨晚的感覺。透過和泉水的聊天，我感覺他應該也是一個內向的人。內向者的說話方式有自己的特點，與外向者差別很明顯。

有研究表明，外向者喜歡確定、具體、簡潔的語言。而內向者喜歡說一些複雜難懂、模稜兩可、雲山霧罩的話。內向者對這種說話模式應該並不陌生，他們傾向於內斂客觀的表達，這是內向性格的本性流露，並不是刻意為之。

開學以後，我們並沒有第一時間見面，依舊以網聊的方式保持聯繫。如果我們不是內向者，恐怕不會有這麼大的定力和耐心，估計外向者早就見面聊得火熱了。內向者一般都有點社交焦慮，盡量避免與陌生人面對面交談。

我和泉水都覺得網聊更自在，沒有做好見面的準備。所以，一切就順其自然，怎麼舒服怎麼來。只是我們後來居然來了一場偶遇，因為他看過我網路上的照片，在籃球場上一眼認出了我。我記得我當時很羞澀，不敢看他，話不多，顯得有點高冷，弄得彼此都有點侷促不安。

還好在這之前，我們已經有了長達兩個月的交流，對彼此也算有了初步的了解。否則，就我這態度，恐怕兩人很難有進一步的發展。其實，內向者在交往初期，完全可以透過文字方式去交流，文字世界裡的內向者可能是非常健談的，也更容易讓對方深入自己的內心世界，找到心靈相通的另一半。

我和泉水雖然後來也經常見面，卻已經習慣了用文字交流，我們大多數思想的碰撞都發生在文字的交換中。見面的時候，我們反而傾向於一起去做一些事，比如一起自習，騎單車或者爬山。文字的交流讓我們的心越來越近，面對面的互動讓我們在彼此面前越來越自在，漸漸表現出自己最真實的一面，感覺非常放鬆。

這樣相處了三個月後，泉水向我表白。雖然在此過程中，我能感覺到他對我的心意，但是我們互不說破，一直以好朋友的身分相處。

我記得那是一個傍晚，泉水說有話對我說，我大概猜到了他要對我表白。我沒想到的是，一句「我喜歡你」，他竟然憋了三個小時才說出來。從傍晚七點開始，他帶著我在校園散步，一直說一些有的沒的，就是不肯進入主題。到了晚上十點，我們走到女生宿舍了，他還是忸忸怩怩地不好意思，反覆醞釀了好久，才低著頭小聲說了句：「我喜歡你。」感覺這句話用了他所有的勇氣才說出口。

內向者就是這麼能憋，內心戲十足，卻悶不吭聲，不顯山不露水。也只有同是內向者的我，才特別能理解他這種心路歷程。我們往往對感情看得比誰都認真，越是深沉的感情反而以越冷漠的方式表現出來，我知道他是認真的。後來，我們就這樣在一起了。

內向者對待感情很慢熱，需要經歷很長時間在內心發酵自己的情感，不輕易動情，一旦動情，那就是深情。我們在一起後的相處模式也很簡單，因為不喜社交，所以多是二人世界的互相陪伴。

我們可以在圖書館待上一天，也不會覺得無聊，能有這樣一個知心人陪伴在身邊，我覺得既溫暖又有力量，我不再是孤獨地面對這個喧囂的世界。就如同顧城說的：「草在結它的種子，風在搖它的葉子，我們站著，不說話，就十分美好。」這是獨屬於內向者愛情裡安靜的美好。

經歷了四年的校園戀情，兩年的異地戀，我們順其自然地走入了婚姻的殿堂。我和先生結婚以後，依舊過著異地分居的生活，但是我們彼此並沒有感到不適應，不信任。我們自從確定了彼此作為另一半，從未懷疑過彼此的感情，就算遇到爭吵、矛盾，我們也會積極溝通，而不是去否定對方。我們可以各做各的事，擁有獨立的個人空間，也可以整天膩在一起，親密無間。也只有在彼此面前，我們才是最放鬆的狀態。

如今，我們已經有了一個兩歲的寶寶，但還是會習慣經常性深入交流，只不過交流的話題又多了，會一起討論寶寶的教育成長問題。由於我們都是ＩＮＦＰ者（十六型人格中的調停者型人格），對於精神世界的溝通格外重視，當初相愛也是因為我們的精神世界能夠溝通，三觀一致。我無法想像，如果我和一個無法進行精神交流的人在一起生活一輩子，會是怎樣的煎熬。無論我們一起經歷了什麼，外界發生了什麼變化，我們始終都是彼此最好的朋友，是彼此的靈魂伴侶。我們內心有什麼新的想法，第一個想到的人就是對方。我們能互相欣賞，支持對方的夢想，幫助對方成為更好的自己。也正因為如此，我們始終能夠保持同頻，一直走在自我探索的路上，共同成長。

許多研究發現，一個女性INFP者最有可能和自己的鏡子影像結婚，也就是嫁給一個男性INFP者。同時，研究也指出，不管是男性或女性INFP者，最快樂的事就是和同一種戀愛類型的人結婚。男性INFP者與女性INFP者結婚，比起與其他任何一種人格類型者結婚，都會顯現出最小的衝突。

我和先生都做過MBTI（邁爾斯—布里格斯類型指標，是一種人格測試）愛情性格測試，我們同屬於哲學家型人格。實際經驗表明，我們結婚六年，相愛十二年，在一起確實很和諧，也很容易理解彼此，溝通順暢。

劍橋大學心理學教授布萊恩・利特爾在TED（Techonology，Entertainment，Design的縮寫，即科技、娛樂、設計）演講《性格迷思：你究竟是誰》中說道：外向型人的一個特點就是他們需要刺激。包括尋找好玩、有趣的東西，比如噪聲、派對或TED等各種活動。相反地，內向型人更可能默默地待在安靜的角落。

試想一下，在婚姻裡，你有一個外向型伴侶，總是在外界找各種刺激，喜歡到處參加社交活動。而你卻喜歡安靜地宅在家裡，你們又怎麼能在同一個頻道上擁有豐富的婚姻生活體驗呢？相反，可能還會產生很多不可調和的矛盾。

很多人其實都問過我這個問題：我的另一半，到底是選相似的好，還是互補的好？從我和我先生的戀愛婚姻經歷來看，相似伴侶之間的親密關係會更穩定持久。

心理學家洛肯博士在《內向的力量》一書中寫道：每對內外配伴侶其實都各自生活在自己的世界裡，最晚要到初期的強烈迷戀過後，雙方才會察覺到兩個世界的不同。這兩個不同的世界深受兩個人的價值觀、經驗、天賦及人格特徵的影響，其中自然也少不了內向與外向的作用。

此外，內外配伴侶間的差異也有可能讓彼此倍感吃力。相異的步調、需求與想法不僅會造成嚴重的摩擦，更會導致關係的失衡。當內向者與外向者共同生活時，他們之間的矛盾可能會嚴重到對關係的存續造成威脅。內向的伴侶可能會覺得自己被操控、被忽視、不被諒解或受到壓抑，外向的伴侶則可能會覺得自己的另一半柔弱、消極、唯唯諾諾、過於被動等，而這些指責會傷害對方的自尊。

更進一步講，外向者會期待內向的另一半能提供更多刺激或更主動地參與社交，也可能會覺得另一半沒有照顧到自己的感受，因爲他們並沒有從另一半那裡獲得足夠的關心。相反地，內向的伴侶反倒覺得不必一直表示關心、表現主動，這樣會比較自在。

心理學研究也表明，人們更喜歡跟與自己相似的人交往。人際吸引最基本的原則之一就是相像律：同性相吸（相類似的人彼此吸引對方）。遇見和自己相像的人通常令人心安，具有獎賞價值，發現他人與自己相像是一件令人快慰的事，因爲這能提醒我們自己這樣是沒有問題的。

心理學家伯納德・默斯坦的刺激—價值觀—角色理論也認為，我們會從伴侶那裡獲得三種不同的訊息，這些訊息會影響親密關係的發展。當伴侶第一次相遇，彼此的吸引力主要建立在刺激訊息基礎上，包括年齡、性別、長相等明顯的外部特徵。隨後會進入價值觀階段，吸引力取決於彼此態度和信念的相似程度，人們開始了解彼此是否喜歡同樣的電影和度假方式等。最後，「角色」的相容性才變得更重要，此時伴侶們最終發現他們在子女的養育方式、事業、居家等基本的生活要務上是否一致。

有時重大差異可能在婚後才得以體現出來。比如，對於居住在什麼地方，是否生養子女，生養幾個存在根本分歧，這些分歧往往是婚姻裡的主要矛盾，也對婚姻生活是否和諧幸福具有重大影響。所以，越是各方面相似的伴侶，分歧就會越少。

相似的人能真正理解彼此，產生共情。很多人終其一生，不過是在不斷尋求自我認同感，相似的伴侶可以在往後餘生裡互相解讀彼此存在的意義，擁有最深的默契，經營一段長久穩定的婚姻關係。

那麼，怎樣才能找到與自己相似的另一半呢？

1. 可以加入一些線上平台的興趣小組

比如，你可以加入社團，經常在上面交流；或者根據自己的興趣加入一些興趣群，如加入MBTI社群會讓很多相似人格特質的人聚在一起。這些線上交流都有可能讓你遇見與自己價值觀相投、興趣相投的人。

2. 可以參加一些感興趣的線下活動

比如，你可以參加登山活動、讀書活動、旅行活動等，既然大家都喜歡這樣的活動，可能就存在某些共同點，你在活動中就很有可能邂逅相似的另一半。

3. 在朋友圈裡發展戀愛對象

你的同學、同事裡可能會有和你具有相似性格、價值觀的人，你們朝夕相處過，相互了解，有著深厚的友誼，可以嘗試發展成戀愛關係。

總之，要多與人交流溝通，不能太過封閉自己，才有更多機會遇見相似的人，畢竟天上不會掉下一個正好與你情投意合的另一半，相似的人都是在溝通中碰撞出來的。

靠互補的伴侶療癒自我，並不可靠

從心理學上分析來看，相似的人更容易互相吸引，但爲什麼在生活中，我們會發現有些人更容易被互補的人吸引呢？這同樣也是有心理學依據的。因爲與我們互補的人身上通常具有我們所缺失的部分，我們渴望透過對方來彌補自己的不足，滿足自己內心深處的某些需求。

我有過一段感情，對方是一個很愛冒險、很有幹勁的男孩子，他幽默風趣，不走尋常路，很會交際，八面玲瓏。我當初喜歡上他，也正是被他身上那股放蕩不羈愛自由的氣質吸引，我覺得似乎沒有他辦不到的事，他善於變通，總能把一切玩得風生水起。

而我從小到大是一個安於本分的乖乖女。父母也都是本分人，我按照父母給我框定的道路上學、工作。父母一直對我要求嚴格，我又是家中長姐，很早就承擔起了照顧父母和弟弟的責任。就連大考填報志願，我也是選擇了家人都看好的會計專業，他們認為女孩子學會計好找工作，又很穩定，以後嫁人也是優勢。大學也是選擇就近的學校以方便隨時回家。可以說，從小到大，我的生活都是一帆風順，沒有什麼波瀾。因為我一直都在選擇那條平穩的路，向前行走。

但是，我有時候是不甘於如此平凡的，我也嚮往著枝繁葉茂、新鮮繽紛的生活，總想掙脫生活的枷鎖，爆破一些平凡平庸、無聊無趣的生活因子。而他的出現，就像是給我平淡的生活投來一束閃亮的光，讓我看到了另一種生活的可能性。

我渴望他能帶我一起走向更廣闊精彩的天地，帶我一起冒險，體驗人生的更多可能性。我欣賞他與人相處時的駕輕就熟，總是能贏得別人的歡心。而我性格內向，不善社交，與人相處總是顯得笨拙、格格不入。

我看到的全是他的優點，並為此著迷，甚至幻想著他就是我命中注定的完美愛人，完美地彌補了我身上所缺失的部分，我們注定就是天造地設的一對，將來要是在一起，相互補充，定能所向披靡。

但這一切只是所有處在甜蜜期的情侶對另一半的想像。實際上，你在另一半身上越是想索取什麼，就越容易失去什麼。我以為我可以依靠他來彌補我所缺失的部分，就能擁有完美幸福的愛情。但是我根本做不到和他一起冒險，走他想要選擇的路，也沒法做到和他一起幹一些比較刺激、超出我的安全感範圍的事，我沒辦法做一個不計後果的酷女孩。我骨子裡對安穩生活的依賴，決定了我希望他能給我承諾，給我一個肯定的答案，我無法忍受患得患失的感情和生活。

而他身上不安分的因子也決定了他很難給我明確的承諾，甚至都不曾向外界透露過我們的戀人關係。我內心深知，他雖然喜歡我，卻沒想過和我有未來。他只是享受當下的這種若即若離的曖昧關係，畢竟我們都是彼此青春裡的初戀，初戀的感覺總是很美好的。儘管我知道，我們可能沒有未來，但依舊抱有僥倖心理，希望他能看見我的好，好好珍惜我。

和他在一起的日子裡，我盡可能裝出很酷的樣子，好像不在乎最後的結果，只投入當下的關係，盡情去愛就好。但我內心是極其缺乏安全感的，他不回覆我消息時，我會想著他是不是又在和別的女孩聊天；他對我不理不睬時，我也會想著他是不是厭煩我了。我一邊期待著能和他一起面對未知新鮮的生活，一邊又擔心他突然哪一天就離我而去，我又回歸到自己平淡如水的生活。明知道兩個人並不合適，我卻總是貪戀著他所帶來的新鮮感。

後來，我們的關係果然還是無疾而終。他說：「你很好，我不想耽誤你。我們注定是屬於兩個世界的人，你是平行世界裡的另一個我，那個世界歲月靜好，現世安穩。而我要選擇一條截然相反的路，我這輩子絕不甘於平凡，在這條路上會布滿荊棘，我不想讓你和我一起承擔這份風險。所以，我們只能是兩條平行線，無法相交。」我很感謝他最後能和我如此坦誠。

有時候，我也會自欺欺人地想：「你又怎知我甘於平凡，不願意和你一起承擔風險，你什麼都沒嘗試，就輕易把我推開，替我作出決定，是不是太不尊重我了？」其實，我又何嘗不知道他說的是事實呢？只是內心不願意承認罷了。

在這段關係中，我一直都在企圖透過他改變自己當下的生活，我不甘平庸，希望他能帶著我衝破生活的枷鎖。殊不知，這種不合理的期待，正是反映了我內心的缺失，我自己沒有勇氣改變自己，改變生活，也沒有足夠的內在動機去突破自己。想要依靠他人填補自己缺失的部分，終究只是妄想。

透過這段感情，我真正意識到這點，彷彿一下子從迷霧中清醒過來，實現了頓悟。所有的親密關係，到最後其實都是面對眞實的自己，是與自己的關係。無論是好的親密關係還是壞的親密關係，你都能透過它看清自己本身的不足和缺陷，看清自己眞正的情感需求，能對自己擁有更加客觀、理性的認知，給自己一個進行自我反思和重塑自我的機會。當創傷被激發的時候，你才有可能療癒自己內心的傷口，找到完整的自我。

於是，我明白了，如果我不甘於平庸，只能依靠自己變得強大起來，任何人都不能代替我成長。想要透過愛情關係依附於他人，更是靠不住的。我開始拾起我多年的愛好，埋頭於讀書寫作中，透過文字來治癒自己，豐富自己的精神世界。

我讀了大量心理學類的書籍和經典文學作品，了解了很多心理學理論，對自己進行了深度剖析，重建自己的認知，同時也寫出了十萬多字的小說，在寫作中療癒自己。被文字澈底洗禮後，我像是獲得了重生，內心也一點點強大起來，變得更加自信和灑脫。

我終於透過讀書寫作改變了自己，找到了擺脫平庸生活的路。在寫作的道路上，我遇到了很多志同道合的朋友，也遇到了很多有趣的人。我的生活一下子變得豐富精彩起來，未來也充滿了無限可能性。我的文字被越來越多的讀者看見，並獲得了很多讀者的認可，給他們帶去能量，我突然感受到了前所未有的價值感和成就感，在一點點靠近理想中的自己和期待中的生活。

我不再想著依靠別人帶我走出困境，追求新鮮刺激的生活。因爲我已經依靠自己走出了內心的困境，當下的生活已經讓我很滿意了，既能歲月靜好，又充滿無限挑戰性，能夠讓我一次次突破自己，激發出自己的內在潛力。

這一切的變化都是基於我的內在動機。心理學家愛德華・伯克利在《動機心理學》一書中寫道：「內在動機是因爲你喜歡這件事本身而去做這件事，它會導致很多積極的結果，激發出創造力、活力、自尊和幸福感。」由此，我喜歡上了現在的自己，並對未來充滿希望。

後來，我遇見了現在的先生，而他正是被我的才氣和自信所吸引。他喜歡聽我聊讀書和寫作，他說，我說話很有趣，看我侃侃而談的樣子，眼睛裡充滿了光芒，整個人也像是發著光一樣，散發著很吸引人的氣質，讓人忍不住靠近，想一探究竟。

我以一個相對完整的自我與我先生走進了婚姻關係。我從未想過從他身上索取些什麼，來彌補我的不足。我選擇和他在一起，僅僅是因為他和我很相似，他讓我覺得很安心踏實，我覺得我們可以一起成長，共同面對未來的風風雨雨。我們的關係也因此非常自由放鬆，彼此滋養。

我之前看過由亦舒小說改編的電視劇《流金歲月》，劇中的朱鎖鎖從小被媽媽拋棄，爸爸又常年不在身邊，她被寄養在舅舅家。自小內心缺失父愛的她，在遇見大她很多的葉謹言後迅速地愛上了他。

葉謹言給她買小龍蝦，處處關心她。得知她被對手爲難，深夜一個人駕車四小時趕去救她。這讓朱鎖鎖感受到了久違的父愛，讓她以爲這就是眞愛。但其實，朱鎖鎖與葉謹言的女兒同年同月同日生，朱鎖鎖讓他想起了已故的女兒，把對女兒的愛投射到朱鎖鎖身上。

葉謹言很明白這點，所以儘管朱鎖鎖多次向他表明愛意，他都拒絕了。一個是「父愛」的投射，一個是「女兒情」的投射，都是透過對方彌補內心長久以來缺失的部分。但實際上，這樣互補的「愛情」並不可靠，畢竟你不能永遠依附另一個人而活。因此，他們的愛情終究是無疾而終，朱鎖鎖還是嫁給了別人。

心理學上有個「內心小孩」的概念，指的是隱藏在我們心中，總是不斷追溯到童年某種相處模式的人格部分。朱鎖鎖愛上葉謹言，其實就是自己的內心小孩跑出來了，想要靠對方治癒自己內心的創傷。

大多數人都喜歡在伴侶身上尋找自己缺失的東西。比如，童年生活缺乏親密感的人，常常被親密感強的人所吸引。而童年缺乏獨立性的人，往往會愛上獨立性強的人。我們都在尋找自己「更好的另一半」，但實際上，對方身上不一定有我們眞正想要的東西，他們只是像一面鏡子，反映出我們缺少的部分。

想要靠伴侶來治癒自己內心的創傷，不是根本的解決辦法。你必須依靠自己的力量去治癒「內心小孩」，眞正實現自我成長。只有擁有一個健康的「內心小孩」，你才能與另一半建立健康的親密關係模式。不要再去想著依靠一個互補的伴侶，來改變你的生活了。你所缺失的東西，只能靠你自己補回來。

如何讓另一半，成爲你的靈魂伴侶？

我接觸過大量未婚青年案例，發現了一個很普遍的現象，很多人對靈魂伴侶有種執念，他們認爲眞愛是唯一的，靈魂伴侶才是天造地設的另一半。如果此生能遇到眞愛，婚姻生活注定是幸福美滿的，不會出現任何矛盾，眞愛能克服一切障礙。

其實這種對靈魂伴侶的執念，屬於一種宿命信念。人們會帶著對人際關係的固有信念步入親密關係，也就是他們心裡一直存在著某種關係信念。在關係信念的研究中，有心理學家把關係信念分爲宿命信念和成長信念。

演說家羅蘭．米勒在《親密關係》一書中寫道，持有宿命信念的人會相信以下六種觀點：

- 爭吵具有破壞性。爭吵就表明伴侶愛自己不夠深。
- 「讀心術」很重要。眞正彼此關愛的伴侶僅憑直覺就能知道對方的需要和偏好，根本不需要告知對方自己的所思所想。如果必須告訴伴侶自己的想法和願望，那只能說明伴侶愛自己不夠深。
- 伴侶是不會發生任何變化的。一旦親密關係變糟，就無法得到改善。如果愛人曾傷害過你，毫無疑問他會一而再，再而三地傷害你。

‧每一次性生活都應該是完美的。只要愛情是忠貞的，每一次的性生活都應該是神奇美妙、令人滿足的。

‧男人和女人就是不一樣的。男人和女人的性格和需要非常不同，很難眞正理解對方。

‧美好姻緣天注定。根本無須努力來維護美滿的夫妻關係。夫妻要嘛彼此脾性相投、快樂到老，要嘛格格不入、爭執一生。

我的朋友蓉蓉就持有這樣一種宿命信念。她今年三十三歲了，依舊對找到靈魂伴侶抱有很大的幻想。她覺得當這個命中注定的人出現時，她一定能感受到。雖然相親了不少男人，也談過幾段戀愛，但她都覺得他們不是自己命中注定的那個人。在戀愛時，只要兩個人開始出現摩擦或者爭執，她就會懷疑眼前這個人不是對的人，開始否定這段感情。

在她看來，和自己的靈魂伴侶在一起，生活一定是非常和諧的，她覺得靈魂伴侶意味著他會懂她的內心世界，懂她的喜怒哀樂，時刻都能知道她在想什麼，需要什麼，和她有相同的價值觀和興趣愛好，兩人對人對事的看法都該是一致的。他們的愛情應該是完美的，又怎麼會出現衝突呢？如果出現衝突，只能說明他不夠愛自己，真正相愛的兩個人不會發生任何爭執。所以，蓉蓉談過的幾段戀情時間都很短，因為只要發生爭執，蓉蓉就會否定對方，覺得對方不是對的人，於是選擇結束關係。

很多研究都證實了這樣的宿命信念是不切實際的，這種信念會導致對親密關係充滿困擾和不滿。持有這種錯誤觀念的人在遇到爭吵或者其他問題時，並不會採取建設性的行動來改善親密關係。由於相信伴侶是不會改變的、眞愛是上天注定的，持有宿命信念的人在遇到問題時只會逃避，而不是想著怎麼去解決問題。他們只會否定眼前的人，傾向於結束這段關係，而不是努力去修復改善關係。就像蓉蓉一樣，只要對方做出不符合她對於靈魂伴侶期待的事，她就會輕易否定對方，無法持續用心去經營一段長久的親密關係。

社會心理學家斯派克・李與諾伯特・施瓦茲透過調查發現，堅信自己的靈魂伴侶是完美的另一半，會導致伴侶雙方走向不健康的戀愛模式，並且當一方用完美的眼光看待靈魂伴侶時，往往會導致他們對衝突反應過度，降低對關係的滿意度。

帶著這種信念進入親密關係的人會覺得親密關係應該是一成不變的，如果他們一開始時便相愛和諧，就應該一輩子都是如此。他們會始終以「應不應該」的視角看待問題。

這就好像是童話故事一樣，所有的童話故事都會以這樣的方式結尾：「從此，王子和公主過上了幸福美滿的生活。」但現實生活不是童話世界，沒有哪個人可以和你完美匹配，也沒有哪一段親密關係是永遠充滿幸福浪漫的，總會有各種各樣的問題需要你解決。所謂的靈魂伴侶，也需要你去創造。

那麼什麼才是眞正的靈魂伴侶呢？你又該如何知道另一半是不是自己的靈魂伴侶呢？《一生的親密關係》一書中提到，「美滿婚姻」的國際社團主任黛安・索莉的著作《家庭與夫妻教育》一書中寫過：「很多人認爲他們只有找到自己的靈魂伴侶，才能擁有美好的婚姻。其實，你遇到的每一個人都已經擁有了靈魂伴侶，包括他們的母親，他們的父親，他們一生的朋友，在二十餘年的婚姻生活裡，你沐浴在愛情中，養育了幾個孩子，迎接了一系列的挑戰，最終你親手創造了靈魂伴侶的身分。」

她這段關於靈魂伴侶的描述，其實是一種成長信念，也是對靈魂伴侶最好的解釋。成長信念認爲，幸福的親密關係是努力維護的結果。根據成長信念，幸福的關係是努力和付出的回報，如果伴侶一起努力戰勝挑戰，克服困難，良性的親密關係就能逐漸建立起來。

也就是說，靈魂伴侶並不是天注定的，並不是只要遇到了靈魂伴侶，你的婚姻生活就可以一勞永逸了。相反，靈魂伴侶需要靠你自己的努力去創造，需要你在漫漫的婚姻生活中努力維護經營，才能讓你們之間的親密關係幸福而持久。

這個觀點剛好反駁了那些認爲靈魂伴侶是上天注定的觀點，並不是遇到了靈魂伴侶就能幸福，而是一起努力創造幸福生活後，才能得到你的靈魂伴侶。靈魂伴侶是一個你願意和他走入婚姻的同路人。在你們的一路相伴中，他會成爲你這一生的靈魂伴侶。抱著這樣的成長信念走入婚姻，可以讓人們保持忠誠，擺脫未知的焦慮，讓你不會再糾結於當下這個人到底是不是你的靈魂伴侶。

只有這樣，你們才能在遇到問題和矛盾時積極面對，透過不斷解決問題、克服困難，更加深入了解彼此，共同成長，進而不斷完善你們的關係，讓你們之間的親密關係不斷進階，兩人越來越離不開彼此，成爲彼此生命中不可或缺的一部分，精神同頻、靈魂共振，最終達到所謂互爲靈魂伴侶的境界。

這讓我想到了錢理群老師和崔可忻老師的故事。我曾看過《十三邀》關於錢理群的訪談。錢老談到，夫人崔可忻在某一天忽然提出，要編一本《崔可忻紀念集》。錢老說：「我一聽就明白了，她要留下一個獨立自主的崔可忻的存在，而不是錢夫人。」

於是，他組織編輯小組，從組稿到編輯以及聯繫出版，不到二十天就基本完成。「別人都說你夫人對你多好多好，我不大願意這麼講，過分強調這部分就忽略了她本身的獨立性。她是個內心力量極強的人，她有很強的事業心。我們晚年也有一些矛盾，她有自己內心的痛苦，住進泰康之家燕園以後，她沒有了用武之地，生命的存在變成協助支持我的工作，所以她最恨別人稱她『錢夫人』，我怎麼就是錢夫人了，我是崔可忻，我是崔大夫！」

錢老這樣講述著，每句話都透露出對崔老內心渴望的理解，和對她獨立個性及追求生命價值的欣賞。他還說，這五年他出了五本書三百多萬字，平均一年寫六十萬字。他倆把生死想透了，也聊透了，一切坦然、淡然，我寫我的文章，她唱她的歌。崔可忻去世時，錢老甚至都沒有流淚，好像知道這一天遲早要來，他們都做足了充分的心理準備。

從錢老談論夫人崔可忻的過程中，我能夠深切地感受到他們之間的愛有多深，他們真正達到了一種精神和靈魂上同頻共振的境界，崔可忻想要表達的東西，錢理群都能體會且補充得更加完美。錢老如此了解崔可忻，崔可忻又何嘗不是這樣了解錢老呢？

據錢老的學生說，崔老師是錢老師生活中那個絕不能缺席的人，是他與現實的連接點和調節閥，她身兼管家、大廚、祕書、保潔員、私人醫生、鋼琴師、理財師、採購員、機械電器修理工、IT技術員……因為錢老除了讀書寫作，其他什麼都不會，所以崔老師必須無所不能。

每一項最新出現的現代生活技能，崔老師都認真學習，一步都沒落下，除因超齡無法取得駕照，任何方面都不輸給年輕人，甚至在八十歲時她還能網購大型家具並自己組裝。

可見，他們早已成爲彼此生命裡不可或缺的一部分了，在相互理解和體貼中一路相知相惜、相依相伴，有了抵達內心深處的默契和共鳴。他們是彼此眞正的靈魂伴侶，而這是由他們共同經歷了六十多年的歲月親手創造出來的。

所以，不要再去糾結你的另一半是不是你的靈魂伴侶了，既然你們結婚了，成爲婚姻中的同路人，你就可以透過自己的努力使他變成你的靈魂伴侶。你可以透過以下幾種方法獲得更理想的婚姻狀態。

1. 帶著成長信念看待你的婚姻

把婚姻看成一個動態的過程，無論你們現在面臨什麼樣的問題，都要積極地面對它，不要逃避，透過分析問題背後的原因，積極溝通，覺察你們自身可能存在的缺陷和不足，然後去不斷改善自己，完善你們的親密關係。每個人都不會是一成不變的，婚姻也不會是一成不變的，帶著成長信念看待婚姻，你們都會隨著婚姻不斷成長。

2. 警惕完美主義，學會包容

沒有人是完美的，大家都有自己的缺點和局限性。比如，錢老只會寫文章，其他什麼都不會。崔可忻要獨自應付生活的各種瑣碎，還有自己的工作，這不是一般女人可以做到的。可能有些女人會覺得，這樣的男人讓自己太累，畢竟很多女人都希望另一半可以依靠，不用什麼事都需要自己操心。而崔可忻卻這樣操心了一輩子。如果沒有一顆足夠包容的心，懂得欣賞錢老的優點，很難做到一輩子毫無怨言。錢老當然也很感謝崔可忻一路對自己的支持，也同樣欣賞她，把她當作生命中最重要的人。他們或許都不完美，但卻懂得互相包容，相互扶持，最終成了彼此生命中完美的另一半。因此，不要用完美主義視角去看待另一半，要學會包容和理解，接納彼此的不完美，共同努力接近更美好的生活狀態。

3. 保持同頻，各自成長

錢老在文學上取得了很大成就，崔可忻也一樣優秀，她在醫學領域取得了出色的成績，也喜歡讀書和寫作。她並不甘心只是成為錢老的附屬品，而是努力實現自己的個人價值，活出最好的自己。所以，他們才能一直以來保持深度交流，進行思想的碰撞，聊生命中各種深刻的話題。

心理學家約翰．戈特曼在《愛的博弈》一書中說道：「當夫妻中的一個人表達出連接的需要時，另一個人的反應可以是拉開門走過去，也可以是關上門轉身離開。這是兩個人關係走向地獄還是天堂的決定性時刻。」

只有保持同頻，各自成長，親密關係雙方的精神世界才能始終保持高度連接，才能互相回應，給予彼此更多的能量，從而催生出你想要的靈魂伴侶。

4. 經常深度交流

錢老在訪談裡也說，他經常和夫人崔可忻聊一些很深刻的話題，甚至把生死都聊透了。很多人走入婚姻後，反而和自己的伴侶沒有戀愛時那麼能聊了，更多時候聊的僅局限於柴米油鹽這些家常瑣事，不能深入彼此的內心世界。

其實，你們可以多聊聊彼此內心的深度渴望、夢想、孤獨和絕望的時刻、快樂和幸福的時刻、對某些事的看法等等，眞誠地表露自我，展示自己眞實的內心世界。只有多聊一些涉及內心世界的話題，對彼此的了解才能更深入，兩顆心才能走得更近。

那些過得幸福的夫妻，並不是因爲一開始就找到了靈魂伴侶，他們也經歷過衝突和黑暗，但他們一直在學習愛與被愛，用心經營，互相成全，在婚姻這座修煉場共修，最終成爲彼此的靈魂伴侶。

做真實的自己，才能得到真愛

我有過兩段感情，第一段感情是我的初戀。我和初戀是在大考後的那個暑假在一起的。我們在初中時是很好的朋友，彼此很聊得來，也很有默契。但是我們高中沒能在同一所學校，大考後，我們才重逢，彼此沉澱在心底三年的思念在相遇的那一刻爆發，我們很自然地墜入了愛河。

他聰明、幽默，情商很高，學習成績一直比我好，考上了一所很好的學校，而我只考上了一所普通學校。這讓我從骨子裡感到自卑，覺得自己配不上他，他以後會有很好的前程，我不確定他對我的喜歡會持續多久。

和他在一起後，我經常患得患失，總是努力在他面前表現出自己最好的一面，小心翼翼地不敢流露出自己真實的情緒，即使有時候我很不開心，也會假裝很開心，生怕自己讓他煩。

我會在腦海裡搜索一切與他相關的事，想著聊什麼才是他感興趣的話題，總是不斷迎合他的需求。儘管我不喜歡網咖這個地方，但只要他要我陪著他打遊戲，我就不會拒絕。只要能和他待在一起，我就很滿足，哪怕他一直在打遊戲，都不怎麼理我，我只要能默默地看著他就夠了。

儘管我如此遷就他，我們最終還是分手了，都沒能撐過那個暑假，這段短短的初戀就無疾而終了。

甚至就連分手時，我都沒在他面前哭，只是笑著和他說了再見，就如每次離開時那樣瀟灑，假裝自己不在乎。

回到家後，我把自己關在房間裡大哭了一場，心真的很痛很痛。我是一個那麼驕傲的人，卻因為愛他，把自己低到了塵埃裡，一直努力維持自己最美好的樣子，都丟了真實的自己，可到頭來不過是一場空歡喜，我以為的真愛，不過是自己的一場夢。

後來，我對這段感情進行了反思。一個沒有了自我的人又怎麼能得到真愛呢？當我因為愛他，去努力偽裝自己，偽裝成自己想像中他會喜歡的樣子時，我就已經輸了，我忘了自己，沒有了自我。我覺得他喜歡的可能是我刻意表現出的樣子，而不是我真實的樣子，而且在我努力偽裝的時候，我失去了真實自我的魅力。我覺得他可能不會喜歡真實的我，其實是我不夠自信，導致我在他面前很卑微，漸漸失去了吸引力。

如果你在親密關係中不敢表現眞實的自己，說明你不夠愛自己。如果你不夠愛自己，別人又怎麼會愛你呢？在你努力僞裝自己時，其實對於自己也是一種內耗，在這段關係裡，你會越來越累，對方也會察覺到這種情緒，也會覺得很累。久而久之，你們的關係對彼此都是一種負累，便不再有激情和活力，親密關係的斷裂只是時間問題。

後來，上了大學，我遇到了現在的先生，我們之前在網上聊了很久，對彼此已經有了初步的了解。

兩人見面後，感覺像是久違的朋友一樣親切。我會主動和他聊我喜歡看的書，喜歡的作家，聊得最多的就是《紅樓夢》這本書，多數時候，都是我在說，他在聽。

我會暢所欲言，想說什麼就說什麼，不用考慮他是否愛聽。我也經常想做什麼就做什麼，隨意地表露自己的情緒，不用考慮他喜不喜歡，在不在意，感覺非常自在，像是一個澈底釋放自我的小精靈。

和他在一起，我是一個舒展開的真實的自己。而他也正是被這樣一個有血有肉、真實的我深深吸引。在這段關係裡，我選擇主動去展示真實的自己，不再去隱藏自己，不再刻意表現自己最好的一面。我喜歡他的某個優點，對他有什麼需求，也會直接說出來。

有一次，我的前男友在他的空間留言：「好好愛她，值得的。」他回覆：「我一定會的，不是因為值得，只是因為我愛她。」在那一刻，我的眼睛溼潤了，這不正是我想要的愛情嗎？一個人愛上另一個人，不論值不值得，就只是愛她這個人，不摻雜任何其他功利的因素，只是純粹的愛。愛本就是簡單的，簡單到只是一種感受，一種體驗。正是因為你是你，所以我愛你。

心理學上有個「自我表露」的理論，它是衡量兩個人親密程度的指標之一。如果兩個人之間不能互相自我表露，他們的關係就很難達到親密。當我們對他人敞開心扉時，我們希望自己的表露能引起他人明顯的興趣和尊重。也就是說，我們希望他人表現出應答性，來證明他們理解和關心我們。如果對方積極應答，就能建立互信，表露會加深，親密感也會增加；反之，如果對方看起來漠不關心或者心不在焉，我們就會向後退縮，表露就會減少。

人本主義心理學家朱拉德認爲，這種「扔掉我們的面具，眞實地表現自己」恰恰是培植愛情的方式。他認爲對他人敞開自我，同時將他人的自我表露當作對自己的信任，可以使人們之間的交往更加愉快。

心理學家阿倫等人指出愛情的精髓是，兩個人的自我相互聯繫，相互傾訴，從而相互認同；兩個人的自我各保持其個性，但又共享很多活動，爲彼此相同之處感到愉悅，並且相互支持。很多浪漫的伴侶最終都形成了「自我—他人整合」，也就是重疊的自我概念。

阿倫夫婦和他們的同事進行了這方面的研究，他們把互不相識的人分爲兩兩一組，讓他們共處四十五分鐘。在最初的十五分鐘裡，實驗人員讓被試交流一些低親密性的話題和想法，比如你最近一次自己唱歌是什麼時候。接下來的十五分鐘裡，被試要討論一些比較親密的話題，比如你最寶貴的記憶是什麼。最後的十五分鐘裡，被試要引發更多的自我表露，比如完成這個句子：我希望有一個人能和我一起分享……你最後一次在別人面前哭泣是什麼時候？自己哭泣是什麼時候呢？

相比於花四十五分鐘討論一般問題的人，那些在近一個小時的時間裡經歷了自我表露逐漸升級的被試，明顯感覺自己與交談夥伴更親密。研究者報告，有三十%的學生認爲這些交談夥伴比生活中最親密的朋友還要親密。這些關係顯然並不包含眞正友誼中的那種忠誠和承諾，但是這個實驗提供了一個驚人的結論：自我表露可以如此輕易地幫助個體建立對他人的親密感。

就像我在第一段感情中總是隱藏自己的眞實情感，從來沒有向對方表達過愛意，儘管我在心裡很愛他，卻從未說出口，甚至在行動上也未曾表達。我不喜歡去網咖，也沒有對他說過，或許他還以爲我很樂意去呢。從頭到尾，我都很少表露自我，像是與自己談了一場戀愛。我不去自我表露，他就看不到眞實的我，也就沒法眞正深入了解當下的我。

在第二段感情中，我主動進行自我表露，表現出眞實的自我，表達出眞實的情緒，爭取到了這段關係的主動權，對方也因此更加了解我，表現出了積極的應答性，我們之間的信任感和親密感也就越來越強。

有多少人都曾因爲愛上一個人，不敢在對方面前表露眞實的自己，不斷迎合對方，努力活成對方喜歡的模樣，卻漸漸模糊了原本眞實的自己，直至失去自我，失去這段感情。

一個人只有以眞實的自我去面對伴侶，才有可能遇到眞愛。因爲只有這樣對方愛的才是眞實的你，你才可以一直自由地做眞實的自己，盡情綻放自我的魅力，不必小心翼翼，也不會患得患失。雖然你並不完美，但無論什麼時候，你都深信自己值得被愛。你不必擔心哪一天曝露了眞實的自我，對方就突然不愛你了。

你會握有感情的主動權，做眞實的自己，愛你的人自然懂你，被你吸引。當你覺得在一段親密關係中眞實的自我被壓抑的時候，一定要及時跳出來，認眞審視眼前這個人到底是不是眞的適合自己，這眞是你想要的愛情嗎？因此，要想獲得一份眞摯的感情，你可以嘗試以下幾種做法。

1. 學會自我接納

只有你從內心深處眞正接納了自己，相信自己是美好的，是值得被愛的，才不會那麼在乎對方的評價，也不會因爲對方的評價，影響自我價值的確定。

當你接納了眞實的自己，你會覺得，眞正愛你的人會懂得欣賞你，會好好珍惜你。你不會因爲愛而委曲求全，你堅信自己會找到一個眞正愛你的人。

很多人害怕自我表露是因爲擔心眞實的自己不被接納，害怕一旦兩人坦誠相對，自己就會面臨被拒絕和被拋棄的危險。他們害怕承擔這種親密的風險，於是選擇隱藏眞實的自我，去扮演對方喜歡的角色。但這對於親密關係的長久發展沒有一點好處，因爲你的虛假自我遲早有一天會崩潰，你不可能一直僞裝下去，當你的虛假自我幻滅時，你的親密關係也有可能就此瓦解。

2. 學會自我表露

向對方敞開心扉，勇敢地表達自己的情緒和需求，展示最眞實的自己。你向對方表露自我，也是信任對方的一種表現，對他來說，具有獎賞意義。你可以積極地表達自己對他的情感：告訴他，你愛他。你誠實表達的愛慕、關心和溫情對於愛你的人來說都是巨大的獎賞。心中光有愛還不夠，你還必須清楚明白地表達出來。

你可以隨時隨地在他面前表達你的喜怒哀樂，告訴他，你喜歡什麼，不喜歡什麼，想做什麼，不想做什麼。你可以隨時流露出自己脆弱的一面，不必擔心他會看不起你。因爲眞正愛你的人，只會心疼你，體貼你。

想要獲得一份輕鬆愉快的親密關係，想讓伴侶更加了解你，從現在開始，學會自我接納，並且坦然地進行自我表露吧，或許你會得到意外的驚喜。

PART 2

了解兩性溝通差異性，聽懂另一半的內心

讀懂對方的溝通模式，提升親密關係的品質

很多人可能都有過這種經歷：經常被伴侶氣得半死，而對方卻渾然不知。你若是表現出你生氣了，對方甚至還覺得你是在無理取鬧，不可理喻。殊不知，這眞的不能怪任何一方，因爲很多時候，這都是基因惹的禍，誰叫我們男女有別呢？兩性的大腦在基因方面差異性很大。

認知神經科學家洪蘭教授在ＴＥＤ演講中用具體事例介紹了男女之間的情緒、溝通表達、第六感甚至是方向感的差異，都與腦結構不同有關。

爲什麼情侶吵架時，女人還在生氣，男人已經呼呼大睡？因爲男人製造血清素的速度比女人快五十二％，很快就能平復心情。

爲什麼女人指路是「前面第一個路口右轉，看到麥當勞招牌後左轉，再過兩個紅綠燈看見紅色的房子後……」，而男人指路是，「中正路往東兩公里，路南」？因爲女人的大腦定位系統以色塊和標誌爲準，而男人以方位爲準。

爲什麼女人的第六感比較厲害？因爲男人的大腦前後連接比較強，女人的大腦左右連接比較強，女人接收的訊息太多，訊息沒有進入大腦，而進入了潛意識。這些訊息或許還無法成爲記憶，只是一個感

覺，當需要人們做出判斷的時候，這些訊息就出來了。潛意識的資訊影響人們的判斷。

戀愛時，我和我先生每次發生矛盾，都是我先氣得不行，而他卻不以為然，覺得我小題大作，很多事根本不值得如此生氣。他總是會跟我講道理，試圖分析事情的來龍去脈，讓我理性客觀地看待這些矛盾，不要這麼情緒化。

他越是跟我講道理，我就越是生氣，不想聽他說話。我會覺得他根本就不懂我，也不心疼我，我都這麼生氣了，他應該來安慰我，抱抱我，而不是跟我講什麼大道理。他不理解我為何這麼生氣，而我不理解他為何如此平靜。因此，矛盾時常得不到解決，影響了我們之間的關係。

後來，我系統地學習了心理學，了解了男女思維上的差異性，才懂得兩性在溝通模式上也存在差異性。很久以前，心理學家就對性別與話題進行了研究。這些研究調查了從十七歲到八十歲的男人和女人在與同性友人聊天時討論的話題範圍。

研究發現，男人和女人在話題內容上的差異性比相似性更顯著。女人會花相當多的時間討論私事和家務事，比如關係問題、家人、健康和生育問題、體重、食物和穿著。男人則更有可能討論時事、運動和生意。

男女之間在思維上的差異性給男女雙方的溝通帶來了困難。研究報告顯示，男人和女人在形容與異性討論的話題時，常常會用「膚淺」一詞來進行描述。女人可能會說：「我想要和他討論重要的事，像是我們該如何和睦相處，而他只是想談論新聞或者我們這個週末要做什麼。」同樣，有些男人抱怨女人總是追問和提供太多細節，而且經常把焦點放在情緒與感覺上。

研究顯示，男人的講話更直接、更簡潔且以任務為取向。相比之下，女人的講話通常更間接、詳盡且以關係為取向。有研究者把與任務有關的「男子氣」的才能稱為「工具性」特質，把與社交和情感有關的「女人味」的才能稱為「表達性」特質。也就是說，男人思維和溝通的方式更傾向於工具性，而女人思維和溝通的方式更傾向於表達性。

當然，這也不是絕對的，有些男人和女人可以同時具備工具性和表達性特質，這被稱為「雙性化」特質。這樣的人最有魅力。雙性化特質，通常都是靠後天習得的。所以，雖然男女天生存在生理差異，但也可以在後天經歷中習得一些自己所不具備的技能。

在我和我先生溝通時，我的表達性特質很明顯，工具性特質卻很欠缺，而我先生採用的則是典型的工具性溝通模式。比如當我跟他訴說一件苦惱的事情時，我期待得到的回應是他能理解我，表達和我同樣的感受。而他通常會直接給出建議。我不僅不感激他給出的建議，還會聽不進去他的建議，我會覺得他忽視了我的感受。而他也很有挫敗感，他明明在努力幫我解決問題，我卻不領情，還責怪他。

其實，我們只是在自己的溝通體系中，採用完全不同的交流話術與對方溝通，我們都適應不了彼此的溝通方式。後來，在和先生溝通遇到問題時，我會嘗試理解並學習他的工具性思維表達方式，而不是一味地陷入自己的表達方式中。

舉個例子，有一次，我跟先生抱怨，兒子這麼大了還不能睡過夜，頻繁夜醒，讓我總是睡不好覺，感覺很累，也不知道該怎麼辦才好。先生聽我說完就開始說，你有沒有想過他可能頻繁夜醒的原因，只有找到可能存在的原因，一一排查，才有可能解決這個問題。

要是在以前，我肯定又要開始生氣了，我會覺得他一點都不懂得體諒我。我都說很累了，他也不知道安慰我，就知道講道理。我說這些，心理訴求是他能夠看到我的辛苦，支持我的感受。而他的回應明顯沒達到我的心理預期，所以我以前經常會鬧情緒。

但這次，我覺察到了自己的情緒，明白了我的情緒其實來源於自己的期待沒有被滿足，而不是先生的回覆有什麼問題。他只是在用他慣用的工具性表達方式和我交流，沒有回應我的感受，並不代表他不關心我，這些都是我從自己的表達角度臆測出來的。

當我意識到了這點，我就不會因為先生的回答影響自己的情緒，而是把焦點放在如何解決當下的問題上，我們共同討論寶寶夜醒頻繁的原因，以解決問題為目標進行溝通。因此，我們的溝通更順暢，並且在一起解決問題的過程中增進了親密關係。

先生當然也明顯感覺到了我的變化，我不再像以前那樣總是鑽牛角尖，咄咄逼人。其實，他以前也會經常誤解我的表達方式。比如，當他說：「我最近很累，睡覺也睡不好。」我為了表示理解他的感受，就會說：「我也經常覺得很累，睡不好。」他就會說：「你為什麼總是喜歡跟我比？」我覺得很委屈：「我明明是在表達我理解你的感受，根本沒有比較的意思。」

這其實就是典型的溝通模式不在一個頻道上。他說這句話可能是希望我提出解決問題的辦法，而我表達的都是自己的感受，讓他覺得我好像在貶低他的感受。類似這樣的溝通障礙在兩性談話中經常出現。

所以，了解男女思維以及表達方式的差異性非常重要。親密關係中出現的很多問題，原因都在於伴侶雙方用不同的溝通方式去表達自己的想法和感受。

如果你只是一味地站在自己的角度思考和表達，很多時候，當對方說的話不能達到你的預期，或者讓你無法理解時，你會完全誤解對方的意思。這時，你就有可能情緒上頭，根本顧不上平靜溝通。你們注定要因爲男女大相逕庭的溝通風格造成難解、消極的影響，甚至責怪對方或這段關係。越交流，矛盾越激化，兩個人也就越來越遠。

如果你能認識並理解男女之間的差異，就能顧及這些差異，適應並學習彼此的溝通風格。如果你能夠根據談話風格來解決衝突，就能更好地面對眞正的衝突，並找到一種共通語言來解決這些衝突，如此一來，溝通就會深化你們之間的親密關係。

不同的需求，導致不同的溝通方式

親密和獨立，是人類存在的兩大基本需求，貫穿我們的一生。親密需求，意味著我們在某種程度上要適應他人，渴望與伴侶產生連接。而獨立需求，則意味著我們需要堅持自我，能夠擁有自己獨立的空間。

可以說，親密和獨立是人們在親密關係中最根本的需求，但男性和女性恰恰對這兩大根本需求的表現不同。很多時候，兩性溝通出現問題，就是彼此的需求沒有被對方看見，沒有被理解。

男性和女性從小就成長於不同的社交世界，從本質上來說，他們從一開始就處在不同的溝通體系中。對此，人類學家丹尼爾．馬爾茨和露絲．博克爾進行過一系列研究，他們總結認爲，男孩和女孩會用不同的方式對朋友說話。雖然他們進行的一些活動是相似的，但他們最喜歡的遊戲是不同的，他們在遊戲中使用語言的方式也構成了兩個完全不同的世界。

男孩們傾向於在戶外玩耍，組成有等級結構的大群體。他們的隊伍裡會有一個首領來指揮別人做什麼、怎麼做，並抗拒做其他男孩提議的事。這種較高的地位是透過發號施令，並讓其他人遵守的方式獲得的。男孩們的遊戲總是有贏家和輸家，以及精心制定的規則體系。

而女孩們會組成小群體或結對玩耍。一個女孩的社交生活的中心，是她最好的朋友。在女孩的群體裡，親密關係是關鍵，她們的「地位等級」是由親近程度決定的。在她們最常玩的遊戲中，大家輪流參與，每個人都有機會。女孩們不習慣發號施令，更傾向於用建議的方式表達她們的偏好。很多時候，她們只會坐在一起聊天。她們不習慣用明顯的方式謀取地位，更關心的是自己能否讓他人產生好感。

在不同社交世界成長起來的男性和女性，不同的「地位等級」觀念對他們產生了根深蒂固的影響。由於歷史文化等各方面因素，男性一直對個人地位比較看重，在一個會區分地位等級的世界裡，男性更偏向獨立需求，因爲樹立地位等級意味著有絕對的話語權，可以獨立決策任何事，命令別人做事，而接受別人的命令則是地位低下的表現。女性更偏向於親密需求，渴望更多的情感連接。

著名社會語言學家黛博拉．泰南總結說，男性使用的是一套有關地位等級和獨立性的語言，女性使用的則是一套關於人際關係和親密性的語言，兩性對話可以說是一種跨文化交流。這些固有的差異性影響著兩性不同的思維模式，導致他們在面對同一件事時通常會有不同的看法。

在我與我先生的日常交流中，這種差異性表現很明顯。有一天中午，先生突然跟我說，他要出去跟一個朋友吃飯，朋友還要來家裡住兩天。我感覺很突然，就問他和哪個朋友吃飯，怎麼突然就要過來住兩天。

王先生這才跟我說，他的一個好朋友來到我們所在的城市出差，他們幾天前就約好了。我有點生氣地問他，這麼重要的事為什麼不提前告訴我？為什麼作決定都不和我提前商量一下，而是作好了決定才通知我？

我覺得自己不被尊重，他根本就不把我放在眼裡。在我看來，夫妻之間，凡事一起商量，共同作決定，才是親密的表現。因為夫妻本就是一體的，彼此生活也密不可分，一個人的行動必然會對另一個人造成影響。所以，我一般在作決定前都會徵求他的建議，這讓我覺得自己和他緊密相連。

但先生卻覺得我小題大作，他覺得就算跟我商量了，結果也不會有什麼改變，所以就沒必要和我商量。這種事他完全可以自己做主，這點獨立行動的自由，他還是有的。

他覺得我是在試圖控制他，限制他的自由，他不止一次說過，我的控制欲太強。但在我看來，很多事都應該和我討論後再作決定。比如，他最近給家裡買了一台烘乾機，花了一萬多塊錢。我覺得這麼一大筆開支，至少應該在買之前跟我商量一下。畢竟，我們在一起生活，對財務有共同規劃。他卻覺得，這是生活必需品，該買的就得買。

他不明白，我並不是不支持他買這個，我在意的是他沒有顧及我的看法，作決定沒有考慮到我的感受。這種類似的分歧總是在生活中出現，沒辦法澈底解決。畢竟，這來源於我們思維模式上的本質差異。

很多女性覺得事事和伴侶商量是很自然的行為，但很多男性卻會不自覺地私自作決定。這其實就是男性和女性對獨立和親密的需求不同的表現。女性覺得和伴侶討論商量是交流的一種方式，能夠增強親密感。而男性覺得花很長時間討論一件在他們看來無足輕重的事，會讓人倍感壓迫。他們會覺得徵求伴侶的建議，取得伴侶的同意，會顯得自己不夠自由，不夠獨立。需求不同決定了兩性的思維模式不同，而思維模式不同又反映在不同的溝通方式上。

女性被貼上「嘮叨」的標籤，很大部分原因來源於兩性不同的溝通風格。妻子在家裡要求丈夫去做某件事，丈夫只要從措辭中感覺到了「被命令」的意味就會本能地表示抗拒。

他可能嘴上答應會去做，但行動上卻一再拖延，這樣他就能認爲自己的行爲是出於自由意志，而不是被妻子要求的。因爲丈夫總是在拖延時間，妻子不得不重複自己的要求，丈夫就會不斷推遲完成。

當你了解了兩性在親密和獨立需求上的差異性時，可能也就更加理解伴侶爲什麼要那樣說話，那只是因爲你們的本質需求不同，導致你們在同一段對話中關注點不一樣，並不是他不尊重你或者不愛你。

當然，了解這種差異性並不會讓差異消失，卻可以盡可能避免你們之間的相互誤解和指責。只有給予彼此更多的理解，包容差異，你們的溝通才能更順暢。

好的親密關係，離不開相互麻煩

我與王先生相愛十二年，結婚六年，他越來越愛我了。戀愛時，他也沒有這樣寵過我。然而，現在他對我這樣的寵愛卻是因為六年前的那場感情危機。那一次，我們差點分手，也讓我深刻反省了自己。

我一直以來是一個很獨立且有主見的女人，在家裡是老大，從小到大非常懂事，從來不讓父母操心，習慣了自己的事自己做主，很少會去麻煩別人。與朋友相處時，更是如此，生怕會給別人帶去麻煩。

這樣的性格，我自然帶到了戀愛中。與王先生開始戀愛的那幾年，還是在校園裡。別的女生什麼事都讓男朋友幫忙，比如倒水、占位子、搬東西等。而我卻像一個「女漢子」，凡事都是自己來，很少會想起來麻煩王先生，總覺得只要是自己力所能及的事，無須麻煩別人。

王先生開始以為我是跟他不熟，不好意思麻煩他。可是後來，我們談了四年戀愛了，我還是習慣獨立自主，這讓他覺得自己沒有存在感。

有一次，他終於忍不住對我說：「我覺得我對你來說，可有可無，你並不需要我，你什麼事都可以自己做得很好，我在你身邊好像是多餘的。」聽到他這麼說，我萬分驚訝，原來我一直以來的懂事獨立在他那裡卻變成了他不被需要。我一廂情願地以為我不去麻煩他，會讓他有更多獨立的空間去做自己的事。殊不知，你不去麻煩對方，對方就無法付出，這會讓你們的關係陷入更大的麻煩。有心理學家說：「不麻煩彼此，關係也就無從建立。」好的關係都是麻煩出來的，伴侶之間更是如此。

經過這件事以後，我開始明白，如果我再自以為是地獨立下去，只會把他越推越遠。後來我們結婚了，我開始有意識地麻煩他，但凡能讓他做的事就去讓他做。

讓他為我做飯，他的廚藝越來越好，他還會主動拖地、洗碗、帶孩子，儼然一副「家庭煮夫」的模樣。我也落得一身輕鬆，越來越會偷懶了，也慢慢學會適當依賴他。

記得我們剛搬進新房，之前因為每次都是和他一起過來，有一次晚上我自己回家居然迷路了。我趕緊給他打電話，他讓我站在那裡別動，趕忙跑過來把我接回去了。還摸了摸我的頭寵暱地說：「都這麼大的人了，還像個小孩一樣迷路。」

我突然覺得，能被人這樣寵愛的感覺真好！我也能感覺到他因為越來越被我需要，和我更加親密。我不斷地麻煩他，激發了他作為男人的保護欲。當然，他也會時常麻煩我，比如當他在工作中遇到不順心的事或者有消極情緒的時候，都會和我說出他內心真實的想法，渴望得到我的理解和安慰，把我當成精神依靠。

我喜歡他能時常和我交心，這說明他很信任我，能夠從情感上依賴我，而我也獲得了一種強烈的被需要感。每當這個時候，我不僅僅是他的妻子，更是他最知心的朋友，給他鼓勵和支持，給他力量，陪伴他度過每一個脆弱的時刻。

心理學上的「吸引獎賞理論」，是指我們會傾向於喜歡那些能給我們帶來獎賞價值的人，這種獎賞價值包含愉快的心理體驗，個人成就感和價值感等。對方越是能給我們更多的獎賞價值，我們就越容易被對方吸引。獎賞價值是影響親密關係的重要因素之一。

根據這個理論，我們可以看出，在一段關係裡不斷去麻煩伴侶，其實是對他價值的肯定，這是一種相互需要的過程。比如，我需要王先生與我共同分擔生活的重擔，王先生需要我肯定他的價值。這種互動過程其實都在增加彼此在這段親密關係中的獎賞價值，夫妻關係會在相互獎賞中變得更加親密，雙方的能量一直在積極地流動，並不斷得到回應。

心理學中有這樣一個規律，很多時候並不是你去幫助別人，他才會喜歡你，有時讓他來幫助你，他反而會喜歡你，因爲他會產生一種被需要的感覺。心理學家武志紅指出，懂事、怕麻煩常來自絕望，而且總與孤獨相伴。女人在婚姻關係裡不必太過懂事，你可以什麼都懂，但千萬別事事都自己扛，要學會麻煩男人。你越是懂得如何麻煩男人，男人也就越懂得如何更好地愛你。

電視劇《延禧攻略》裡的魏瓔珞和富察容音的不同結局很好地說明瞭「好的親密關係，都是麻煩出來的」。魏瓔珞在乾隆的萬千佳麗中，絕對算得上最不懂事的一個。別的妃嬪都是想著法子討好皇上，在皇上面前從來都是恭順有禮，不敢說個「不」字。她卻欲擒故縱，故意「套路」皇上來找她，但又放皇上鴿子，皇上也對她無可奈何。她總是給皇上製造各種麻煩，讓他在關鍵時刻來救自己。就是這樣一個又一個的麻煩讓她漸漸走進了皇上的內心深處，成了他心中獨一無二的女人。

相比之下，一向溫婉賢淑、端莊大方的富察皇后，一生都被所謂的皇后責任所束縛。如她自己所說：「我侍奉太后，尊重皇上，善待妃嬪，處事謹慎，我怕行差踏錯，怕被天下人指責。我賢良淑德，怕被皇上厭棄，我不怨，我不妒，我也不恨，我替皇上護好妃嬪，我甚至把她們的孩子當成是我自己的孩子，我得到了什麼……」

這樣懂事寬容的她卻無力保全愛子，一場大火燒燬一切，最終走上絕路。富察容音的悲劇值得每個女人深思，她太過懂事，過得太辛苦，卻得不到丈夫的理解和心疼。相反，總製造麻煩的魏瓔珞卻成了皇上的心頭肉，逆襲爲人生贏家。因爲她不斷麻煩皇上，讓皇上得到獎賞價值，自然在皇上心中的地位越來越重。

有人採訪過很多出軌的男人，當問及他們出軌的原因時，不少人說道，是因爲感覺自己不被妻子需要，在家裡有一種挫敗感，所以就想出去尋找那種被需要的感覺。

女人如果一味地太懂事獨立，就是親手把男人往外推。男人會覺得反正你什麼都會，有沒有我都無所謂。他得不到來自另一半的獎賞價值，於是在這段感情中的存在感不斷減弱。

一旦男人覺得女人不再需要他，他的那種骨子裡的英雄夢就破碎了。爲了重拾自信，展現自己的男人魅力，他就會從別處尋找新的獎賞價值。而那些懂得麻煩他的女人就是他的精神寄託，因爲總是被麻煩，男人潛意識裡會覺得這個女人需要被照顧，從而產生強烈的被需要感，獎賞機制隨之建立，親密關係自然也就建立起來了。

心理學上存在機會成本效應，也就是說，一方對另一方的付出越來越多，對這份感情也就會越來越珍惜，越不會輕易放手。從心理學自戀需求分析，每個人都希望自己的付出是值得的，不肯承認自己爲之付出精力的東西是不好的。於是，這個人就會加倍地珍愛這段感情，以維持這份自戀。

聰明人都懂得麻煩伴侶，讓伴侶在這段關係中始終擁有高價值感和強烈的被需要感，使親密關係保持持久的吸引力。你可以嘗試以下幾種方法來麻煩伴侶。

1. 女人可以讓伴侶做一些家事

大多數女性在婚姻關係中經常大包大攬，做家事、帶孩子，還要上班。而老公好像成了家裡第二個孩子，除了工作，其他什麼事都不需要做。這樣下去，女性在婚姻中會越來越不堪重負，不斷付出卻得不到滋養。

而男人卻很難體會女人在婚姻中的付出，甚至覺得自己不被需要。好像這個家只要有女人在，就能很好地運轉。所以，女人需要經常麻煩男人去做事，說是麻煩，其實也是一種分工，來平衡雙方在婚姻中的付出。很多女人可能覺得男人無法做好那些家庭瑣事，還不如自己做省心。

其實不然。他之所以做不好正是因爲你一直都在自己做，沒有給他鍛鍊的機會。你需要放手，給他精準的指令，讓他去做一些事。比如，吃完飯，你可以對他說：「老公，你能把碗洗了嗎？我需要做別的事。」或者說：「老公，今天你能帶孩子一起讀繪本嗎？」男人一般都喜歡聽明確、精準的指令，不要讓他猜，也不要指望他能主動做這些事，因爲他可能根本想不到這些。你不去麻煩他，他就默認你並不需要他。

當你習慣性地麻煩他去做一些事後，你會發現，他其實也能做好這些事，還能體會到你平時做這些事時有多不容易，對你有了更多的理解和體貼。久而久之，他對這個家的責任感也會越來越強，對這段婚姻關係也會更加珍惜。

2. 男人可以與伴侶多交心

大多數男人在婚姻關係中喜歡凡事一個人扛。在職場上，受到委屈和刁難，也選擇一個人消化，不想在家人面前曝露自己脆弱的一面，怕給家人添麻煩。因爲長期以來的男性文化，都在宣揚男兒有淚不輕彈，似乎男人就應該是無堅不摧的，不能太軟弱。

但男人和女人其實是一樣的，也有自己脆弱無助的一面，也需要被人關心、被人心疼。所以，男人不要總是壓抑自己的情緒，試著跟老婆多交心，曝露自己的脆弱，尋求安慰，不要怕被老婆瞧不起。眞正愛你的人，不會因爲你的脆弱就瞧不起你，反而會因此更加懂你、心疼你。在你不斷和伴侶交心的過程中，她離你的心也會更近，會感受到你很需要她。你們相互需要，關係也就更加親密。

親密關係的連接需要雙方的不斷互動，在互動中，情感能量才能源源不斷地輸入和輸出，形成一種獎賞價值的良性循環。女性要多麻煩伴侶承擔起家庭事務，男性也需要多與伴侶交心，敢於曝露自己的脆弱，這樣的相互麻煩就是最佳的互動形式，也是日常生活中讓夫妻感情保鮮的有效法寶。

一個人愛不愛你，身體最誠實

很多人在面對愛情時，總是會問：「他到底愛不愛我？」「我怎麼判斷他是否眞的愛我呢？」然而，愛，不是靠判斷，而是靠感受。一個人愛不愛你，身體的反應是最直接的，也是最誠實的。愛你的人，你會感受到來自他身體愛意的表達。

在電視劇《橘生淮南》中，洛枳每次看盛淮南的眼神裡都藏著她內心深深的愛意。她的眼神，時時刻刻都會被盛淮南的身影牽動著。

小時候，她看見盛淮南因爲不愛吃肥肉，將肥肉偷偷地在凳子下擺成一排，這一幕就深深地刻在她的記憶裡。在食堂吃飯時，她看見盛淮南用三根筷子吃飯，她也學著去做。她經常去球場，只爲了看他打籃球，給他加油。她喜歡默默地跟隨著他，觀察他的喜怒哀樂。

她的眼神總是關注著盛淮南的一舉一動，無論他是獨自一人還是在人群裡，她的眼裡只有他，她想了解關於他的一切……

眼睛是心靈的窗戶，愛你的人，看你的時候，眼裡會有光，不管你在哪裡，他的目光都會跟隨著你。看著你，他就覺得心安。他只想透過眼睛記錄下你的一顰一笑、一舉一動，捕捉你每個瞬間的靈動。

微博達人「東野先生的信箱」寫過：「喜歡一個人的話是眞的藏不住。不管是表情，眼睛，還是網路上的痕跡。愛你的人，看你的眼神必定是專注而深情的，你就像一個巨大的磁場，什麼都沒做，卻吸引了他所有的目光。一個人愛不愛你，眼睛不會撒謊，它是愛意最眞實的流露。」

我的學姐雪兒和學長大明談了四年異國戀，學長在美國，學姐在中國。去年年初，他們有情人終成眷屬，走入了婚姻的殿堂。在結婚典禮新郎迎新娘的環節中，學姐給老公大明提出了「靈魂十問」，他全都答上來了。這讓很多人非常詫異，其實這都是因為他平時和學姐聊得非常充分。

那四年，我和學姐合租一間房，她和學長有多能聊，我是看在眼裡的。每天早上，學長都會定時在七點給學姐發來越洋視訊通話。道上一聲早安，聊聊一天的計畫和一些情話，時長最少半小時。每天晚上九點也是他們的專屬通話時間，學姐在鏡頭前有說有笑，有時候笑得根本停不下來。兩個人經常能聊一個小時以上，甚至經常狂聊到凌晨也捨不得結束通話。

他們對彼此的生活近況瞭如指掌。學長將國外發生的趣事分享給學姐聽。學姐也會向學長訴說自己的煩惱，而學長總是很耐心地給學姐分析，幫她排憂解難。四年裡，學長給學姐的定時通話從未間斷過。所以，就算不在身邊，他始終都是那個最了解學姐的人，事無鉅細，全都記在心上。

都說異地戀會敗給距離，其實那都是因爲不夠愛。眞正愛你的人，無論距離有多遠，都會想方設法找你聊天，時刻都想聽見你熟悉的聲音。愛你的人，總是和你有著說不完的話，生怕錯過你的點點滴滴。

和你說話就是一種最純粹的快樂，最愜意的享受。

眞正愛你的人，會花時間陪你說話，聽你說話，用心感受你的快樂和悲傷，走進你的內心世界。就如同那首歌裡唱的那樣：「我能想到最浪漫的事，就是和你一起慢慢變老，一路上收藏點點滴滴的歡笑，留到以後坐著搖椅慢慢聊……」愛你的人，在和你說不完的話中藏著訴不完的情。

我家先生會在我吃飯熱得滿頭大汗時，不經意間給我擦掉額頭上的汗。他知道我不吃香菜，每次出去吃飯，總是會和服務員打招呼，所有菜品都不要放香菜。下雨天，沒帶傘，他會脫下自己的外套，不自覺地遮住我的頭，生怕我淋雨生病了。

我平時在家寫稿，他怕我不按時吃飯，總是在上班前為我準備好一天的食材，時常燉上一鍋雞湯。他還經常在我寫稿時，默默地端上一杯牛奶或者一盤水果，給我補充能量。他看我經常性伏案工作，一坐就是幾個小時，總會給我按摩，幫我放鬆身體。

雖然他嘴上很少會說甜言蜜語，但是這種十年如一日細節上的關懷卻勝似任何言語。愛你的人，會時刻把你放在心上，生怕你熱著、冷著、餓著、累著……他的一舉一動都會因為你的需要而改變。他總是從生活點點滴滴的細節處心疼你，無微不至地呵護你。讓你在平凡冗長的生活裡，感受到無數個瑣碎細節的溫暖。

愛你的人，愛意往往體現在日常的每個行動裡，你身體的每個細胞都能感受到愛的振動頻率。就像這句話說的：「身體是一個機關，藏著感受愛情最直接純粹的密碼。」

無論是非言語溝通還是言語溝通，都是親密關係中非常重要的一部分，一開始就和親密關係密不可分。愛你的人，總會透過身體的各種溝通方式傳達愛意。

所以，不要再去猜對方是不是眞的愛你，在愛情中患得患失。愛你的人，不用你猜，他的眼神、話語、身體的每個下意識的動作都在傳遞著愛的溫度，在無數個「不經意」間告訴你。

一個人愛不愛你，身體的反應永遠是最誠實的。他的心爲誰跳動，他的身體就會給誰溫暖。那些不經意間的心疼，那些時時刻刻的掛念，都是最好的證明。

你爲什麼總是遇到「渣男」？

一個讀者周梅來信問我，為什麼她遇到的都是「渣男」？她說她的每一段戀情，包括最後的婚姻，都是以男方出軌而收場。第一段戀情，開始於校園，畢業後他們開始異地戀。因為是異地，身邊的朋友都會提醒周梅要看好男朋友，畢竟外面的誘惑很多。

周梅本來就很沒自信，當初還是自己追求男友的，骨子裡就覺得自己配不上男友，男友太優秀了，總有一天會厭倦自己。所以，她在和男友的相處中總是患得患失，疑神疑鬼，每天都要男友向自己彙報行程，今天做了什麼事，見了什麼人，是男還是女。

但凡男友不彙報或者遲遲沒有回覆，她就覺得男友肯定在和別的女孩約會。打電話時總會質問他，是不是背叛了自己。好不容易跟男友見面，也是問東問西，還偷偷看男友手機，企圖藉由蛛絲馬跡找到男友劈腿的證據。終於有一次男友受不了爆發了，讓她不要再看他的手機，也不要再問他在幹什麼。

周梅覺得男友變了，不讓自己問，也不讓自己看，肯定是背叛了自己，才會如此心虛。她不止一次對男友說：「有本事你就找個更好的人。」後來，男友還真背叛了她，找了一個在周梅看來比自己優秀很多的女孩。自此，周梅覺得男人果然是不值得信任的。

她把這種對男人的不信任感帶入後來的婚姻中，又上演了同樣的悲劇。只要老公回家晚，她就覺得他可能有別的女人。老公不想和自己親熱，睡覺時不抱著自己，她就覺得老公不愛自己了。老公不回消息，不接電話，她就覺得他一定是在躲著自己，背著自己幹見不得人的事。她常常陷入這種自我想像中無法自拔，怎麼看老公都覺得他厭倦自己。

以至於每次吵架，她都會說：「反正你早就厭煩我了，有本事你就離婚。」老公剛開始還會跟她解釋，後來索性懶得解釋了，她更加覺得老公就是盼著離婚的。

殊不知，她這種行為對任何男人來說，都是在不斷消耗對方的熱情，直至讓對方身心俱疲，將彼此的愛消磨殆盡。最終，對方會按照她的期待去找另一個女人，兩個人的親密關係最終破裂。

其實，周梅的這些想法和行爲恰恰驗證了「自我實現的預言」。也就是說，如果一個人剛開始的關係信念是錯誤的，她對這段關係有著錯誤的期望，最後這些錯誤的期望都會變成現實。因爲它會誘導被期望人的行爲，使錯誤的期望得以實現。

周梅在兩段感情中都表現出強烈的不自信，覺得自己不值得被愛，伴侶總有一天會厭倦自己，喜歡上別人。她不斷地強化這個信念，只要看到對方有什麼異常，就覺得是在驗證自己的信念，又進一步強化信念。

此外，她不斷地將自己這個錯誤的信念強加給對方，對他形成錯誤的期望，而這些錯誤的期望恰恰在無形中推動著對方出軌。

關於「自我實現的預言」，心理學家羅蘭・米勒在《親密關係》一書中提到了一項研究。研究者讓明尼蘇達大學的男生看一張他們即將結識的女生的假照片，並且讓他們相信，和他們在電話裡聊天的女生有的非常漂亮，有的則非常醜陋。然後研究者將談話錄了下來，看會有什麼結果。

認爲自己在和美女聊天的男生比認爲和醜女聊天的男生有著更高的期望，在交往開始時他們更爲熱切和投入。聽談話錄音的人也認爲前者更好交際、熱情外向和勇敢。男生對女生的判斷清晰地反映在他們對待女生的行爲中。

那麼，女生又是如何應對男生的這些行爲的呢？她們並不知道自己已被貼上漂亮或醜陋的標籤，但是肯定知道與自己交談的男生是熱情還是冷漠。結果男生得到了他們所期望的：那些被認爲美麗的女生聽起來更吸引人，她們對興味盎然的男生報以熱情和魅力。

相形之下，那些被認爲醜陋而且被男生淡漠對待的女生，聽起來相對乏味。在這兩種情況下，無論男生的期望是否正確，他們都從女生那裡看到了自己所期望的行爲。

一項研究計畫發現，經常憂慮被他人拒絕的人，其行爲方式往往更可能遭人拒絕，對拒絕高度敏感的人經常會緊張地感受到別人的怠慢，即使並沒有人有意冷落他。

「自我實現的預言」在親密關係中其實很常見。所謂你深信什麼，你的生活就會是什麼樣子，就是這個道理。是你的信念，創造了你的生活。伴侶怎麼對你，都是被你允許的，甚至是被你引導的。

當然，很多出軌和家暴確實是男人的問題，但也有一部分是女人錯誤的信念推動的結果。一旦女人有了錯誤的信念，就會在潛意識中去不斷強化這個信念，在與男人的互動中驗證自己的信念，不停地證明自己構建的世界就是那樣的。然後，怎麼看這個男人就怎麼不順眼，她看不到這個男人身上的優點，眼睛只盯著那些可能讓自己受傷害的點，並不斷放大它們，讓它們成爲驗證自己信念的證據。

她堅信著自己的信念，爲了不讓信念崩塌，避免失控感，她的行爲方式也就在不斷推動信念的實現。最終，男人出軌、家暴，讓她的信念成眞，她又會再次認定自己的信念是正確的，以更加強烈的信念進入下一段關係。這種惡性循環導致了很多女人總是遇到「渣男」，重複上演著愛情悲劇。

親密關係是經不起折騰的，也經不起一次又一次的考驗，兩性相處最重要的是彼此信任，相互尊重。所以，不要再以你錯誤的信念去挑戰你的另一半了。爲了避免錯誤的信念導致親密關係的破裂，你需要做以下幾點。

1. 提升自我價值感

只有自我價值感高的人，才不會總是覺得自己可能被傷害、被拋棄，不會擔心自己不再被人愛，也不會擔心伴侶會移情別戀。她們堅信自己是値得被愛的，她們愛自己，也就更容易得到別人的愛。

她們會覺得，如果一個人離開了自己，那是他不懂得珍惜自己，而不會輕易懷疑自己的價值。她們把更多的關注點放在自己身上，不會總是盯著伴侶的一舉一動，把伴侶逼得太緊，讓親密關係陷入緊張。

2. 不斷反思自己的知覺

既然親密關係總是受到自我知覺的影響，我們就需要經常反思一下自己當下的知覺是什麼。反問自己一些問題，比如，是否有錯誤的知覺在支配著我們的言語和行爲？我們對伴侶的看法眞的是事實嗎，還是自己的一種偏見？我們是否放大了伴侶的一些缺點，而忽略了他們的優點？

讓自己暫時跳出當下的親密關係，以旁觀者的視角審視一下自己，盡量保持客觀理性的覺知。要知道，你的親密關係總是出現相似的問題，可能是因爲你有著錯誤的關係信念，你需要覺察自己的信念是否存在問題。如果你的關係信念是錯誤的，換一個伴侶，結局可能也是一樣。

3. 與伴侶深入溝通，讓他了解你的關係信念

如果你覺察到自己在親密關係中總是存在某種信念，而你又無法控制自己不去想，你可以把這個信念坦誠地告訴你的伴侶。比如，周梅覺得男人都不値得信任，總是控制不住自己去懷疑對方，有可能跟她以往的情感經歷和原生家庭有關係。她可以開誠布公地與伴侶交流，講述自己的故事，表明自己可能對男人缺乏信任，讓伴侶不要做一些可能會觸發自己防禦機制的事。

如果對方眞的愛你，會看到你過去的傷痛，理解你當下的無助。以後在與你相處時，也會更多考慮你的感受，盡量不做可能會傷害到你的事。你過去的傷痛會在他的包容下漸漸消散，你也會慢慢被他治癒。

坦誠以待，眞誠溝通，不僅會讓伴侶更加深入地了解你，也會加深你們之間的親密感。相信有一天，

總會有一個人改變你固有的關係信念，重建你對親密關係的信心。

每個人都想愛與被愛，但不是人人都能享有。學習如何去愛，是我們每個人的修行。只有敢於承受不確定性，敢於打破自己固有的限制信念，跳出自我認知的舒適區，重新做出積極的選擇，才能收穫新的愛情體驗，享受愛的盛宴。

PART 3

認識婚姻本質，溝通更加有效

完美婚姻，只是幻象

有這樣一對夫妻，他們的婚姻堪稱完美，人人都羨慕。丈夫深情體貼，帥氣紳士；妻子才華橫溢，溫柔大方。兩人結婚五年，看起來依舊甜蜜如初，激情不減。所有人都覺得他們是完美夫妻的典範。只是在第五年結婚紀念日的時候，完美妻子突然消失，丈夫不知道她去了哪裡，於是報了警。

在尋找妻子的過程中，關於完美婚姻的真相一點點在我們面前展開，原來看似完美的背後竟是無法企及的可怕深淵。妻子的消失居然是一場蓄謀已久的計畫，為的就是製造自己被丈夫謀殺的假象，讓丈夫坐牢甚至被槍斃。

以上是電影《控制》講述的故事。妻子艾米和丈夫尼克初次相識時就被對方吸引，尼克喜歡艾米的才華美貌、溫柔性感，而艾米喜歡尼克的深情體貼、風趣幽默。他們雙方都認為自己找到了夢寐以求的完美情人，很快便走入婚姻。在結婚的頭兩年，兩人始終扮演著彼此心中完美情人的模樣。後來尼克的母親生病了，他們從紐約搬到密蘇里居住。

兩個人表面上看是一對典型的美國中產夫妻，生活體面，感情和諧。但是尼克失業後，兩人的婚姻內部開始發生變化，艾米的父母遇上債務危機，她把自己信託基金中的錢拿給父母還債。尼克責怪她不與自己商量，擅自作主。

尼克失業後開始不求上進，買遊戲機等電子產品，在家打遊戲，什麼都不管。艾米指責他不思進取，再也不是她眼中那個積極上進的丈夫了。他們雙方完美的形象開始在現實生活面前慢慢崩塌。艾米變得控制欲極強，尼克也不再那樣浪漫深情，漸漸無視妻子。

看似波瀾不驚的婚姻表面，實則藏著波濤洶湧的暗流，而雙方都不自知，也沒有去深入溝通交流，而是選擇逃避現實。原來他們愛上的是自己想像中的那個人，而不是真實的對方，當完美的面具被摘下，他們都無法接受這樣的真相，覺得自己被騙了。

尼克覺得和艾米在一起越來越累，在家裡甚至感到窒息。於是他在家的時間越來越少，彼此之間的交流也越來越少，兩人的關係越來越冷淡。尼克出軌了，艾米眼看著他愛上了一個很像當年的自己的女人，又玩著當年對自己表演過的風趣和深情。

她感覺自己蒙受了莫大的恥辱，這種羞辱感越來越強，激發了艾米心中的陰暗和狠毒。她為了報復尼克對她的冷淡、疏忽和背叛，精心偽造了一場證據確鑿、令人信服的「被謀殺」案。

「我那懶惰成性、說謊成癖、劈腿不忠、健忘麻木的丈夫，會因為謀殺我被關入大牢。」這就是艾米最終所要得到的結果。艾米甚至已經做了最壞的打算，如果最後尼克還不能被定罪，她就自殺。哪怕以生命為代價，她也要置尼克於死地。

一個人到底對另一個人恨到什麼程度，才不惜與之同歸於盡。曾經是親密無間的夫妻，愛有多深，恨就有多深。對彼此的期望越多，當對方不能滿足自己的期望時，失望也就越多。

越是自以為完美，在完美的幻象破滅後，內心的空虛感就越強烈。原來自己一直以為的完美只是一場自欺欺人的騙局，她漸漸迷失了自己，只想以報復來解自己的心頭之恨。

在尼克明白了這是艾米的陰謀後，無法理解，艾米竟然恨他到如此程度，而他竟全然不知。其實，他並不是一點都不知道，只是不願意去想，不願意花心思去了解妻子的精神世界，不願意付出精力去溝通。當婚姻出現問題的時候，他只是逃避，即使他還是很想和艾米有個孩子。

他當初愛上的只是艾米的外表，「尼克愛上的只是我當時假裝的女孩，『酷女孩』。酷女孩代表性感、隨意、有趣，酷女孩永遠不會對他們的男人發脾氣，她總是笑意盈盈、喜氣洋洋、活潑可愛，他喜歡什麼，她就喜歡什麼」。

如果尼克始終忠誠，艾米倒是願意將這樣的「酷女孩」演到底的，但是他沒有。他先背棄了自己的誓言，開始厭倦自己曾經喜歡的這個艾米。說到底，他們都一直停留在對彼此最初的完美印象裡。殊不知，當初他們都是為了吸引對方而故意表現出自己最好的一面，但那並不是完整真實的自己。

一個人可以僞裝一時，卻很難僞裝一輩子，如果走入婚姻後，你還是把對親密關係所有的期望都放在一個人身上，那你肯定會失望。

因爲如果你把所有的期望都寄託在一個人身上，這個人會越來越累，最終不堪重負離你越來越遠，因爲你讓他很有壓力。

心理學家蘇珊・坎培爾在著作《伴侶的旅程》中把親密關係的發展分成五個階段：浪漫期、權力爭奪期、穩定期、承諾期和共同創造期。基本上每段親密關係都要經歷這五個階段，才能穩定長久下去。

在浪漫期，親密關係的雙方都覺得這段感情充滿新鮮感，激情滿滿，看到的全是對方的優點，被對方強烈吸引，恨不得一天二十四個小時都和對方膩在一起。浪漫期的人很容易把自己對完美伴侶的期待投射到對方身上，認爲自己遇到了命中注定的另一半。

在浪漫期，對方不是一個人，而是一個被賦予了各種期待的理想對象。但浪漫期終究會過去，當浪漫期結束，激情退卻，你開始看到對方眞實的樣子，發現他也不過如此，彼此的缺點開始曝露出來。當你發現對方不能滿足你的期待時，你想改造他。

於是你們進入了權力爭奪期。雙方都努力想要改變對方，爭奪在親密關係中的主控權，爭奪的形式可能是爭吵、冷漠甚至分離。很多人往往到最後會選擇放棄，走出權力爭奪，結束關係。比如，尼克爲了逃避爭吵，選擇出軌，重新進入和另一個人的浪漫期。

然而，親密關係大多都要經歷權力爭奪期才能迎來穩定期。如果你總是在權力爭奪期選擇逃避，不去積極面對，解決問題，你將很難得到一段長久穩定的親密關係。那麼，我們怎樣才能順利走出權力爭奪期，讓親密關係進入穩定期呢？

1. 降低你的期待

一個人對自己親近的人有期待很正常，通常越是親密的人，期待就會越大。你可以有你的期待，對方也有不接受的權力，他可以選擇滿足你的期待，也可以選擇不滿足，你要有心理預期。

你不能因爲他不能滿足你的期待，就去責備他、攻擊他，甚至怨恨他，那只會把他越推越遠。你要學會爲自己的期待負責，因爲沒有人有義務對你的期待負責。期待是一種約定，而不是義務。你可以向伴侶表達你的期待，如果他做不到，你就要學會降低自己的期待。

2. 尊重和接納彼此的差異性

每個人都有自己的缺點，也會有自己的個性，既然你選擇他作爲自己的另一半，就不只是和他的優點在一起，也是和他的缺點在一起。他是一個完整的人，不是一個完美的人。你只有學會欣賞他的優點，包容他的缺點，才能眞正看見他，讓愛意在你們之間流動。

3. 不要評判對錯，而是要分享感受

發生衝突時，很多人總喜歡去評判誰對誰錯，比如，當你說：「你這樣做是不對的，你就是個傻子。」這種類似的批判性語言，其實都是對彼此的傷害，只會加劇彼此之間的矛盾。

要知道，每個人都有自己的立場和想法。你可以不同意對方的觀點，但不要隨意評判他。你不妨試著說：「你剛才的行爲讓我很受傷。」這種分享感受的表達方式，一方面向伴侶袒露了眞實的自己，另一方面也讓伴侶覺察到他的行爲對你造成的傷害，從而拉近你們之間的距離，使親密感得以滋生。

等你不再總是想著改造對方，懂得尊重彼此的差異性，積極分享自己的感受，你們就會漸漸走出權力爭奪期，親密關係也會邁上一個新階段。

婚姻的本質，絕不只是愛情

我有個朋友小亮，很怕結婚。在他看來，婚姻就是愛情的墳墓。因為他看過太多身邊朋友在走入婚姻後，感情很快就變得平淡，兩個人之間也不再有當初的激情。

小亮一度認為，如果兩個人之間想要一直保持愛的激情和浪漫就不能結婚。所以，他談了幾段戀愛，一旦對方提出想結婚，他寧願分手也不想給出承諾。甚至於在戀愛中，只要覺得激情冷卻，兩個人的感情變得平淡，他就想結束這段對他來說索然無味的戀情。

在他對愛情的認知裡，愛情就應該是充滿激情浪漫的，如果彼此之間失去了當初心動的感覺，早點分開對彼此都好，至少還能留下美好的回憶。要是等到相看兩厭、爭吵不斷再分手，那連最後一點體面都沒有了。

小亮今年三十二歲了，剛剛結束的這段戀情是他談得最久的，差不多三年了。算起來這應該是他的第七段戀情，之前的每段戀情幾乎不會超過一年。所以，我本以為他這次找到了對的人，找到能夠讓他的心安定下來的人了。

小亮的這個女朋友各方面條件都很好，人長得漂亮，名校研究生，畢業後在一家知名企業工作，剛畢業年薪就二百萬元。而且她性格溫柔，善解人意，還會做飯，把他照顧得很好。有這樣的女人相伴，還有什麼不滿足呢？

可是，他有段時間突然跟我說，他好像對女朋友沒感覺了，也漸漸對她失去了耐心。以前女朋友跟他撒嬌時，他會很有耐心地哄她，還覺得她很可愛。但有一次女朋友忘帶宿舍門鑰匙了，她撒嬌地說自己太笨了，還不停地發委屈的表情，想讓他安慰安慰她。

而他居然覺得女朋友好笨，還很幼稚，這點小事也嘮叨個不停，就不知道自己想辦法解決嗎？一直給他發訊息，讓他覺得有點煩，更別提去安慰她了。他說，其實他和女朋友之間早已激情不再，變得很平淡了。就算幾天不見，他也不會很想她，和她在一起，溫暖踏實的感覺更多，心動的感覺卻幾乎找不到了。

他也試著去告訴自己，她真的很好，要好好珍惜她，不能辜負她，也想過要和她結婚。再說，他們之間也沒有什麼重大分歧，一直相處得很和諧。可是，他就是做不到再去全心全意和她在一起，他忍受不了這種一直平平淡淡的感覺，他覺得愛情不應該如此平淡，這樣的生活太乏味了。

他一想到以後一輩子都要和她這樣平淡地生活下去，就會本能地排斥。所以，經過了幾番內心掙扎，他最終還是選擇結束這段戀情。

我問他：「你難道就不會後悔嗎？這麼優秀又這麼愛你的女人，要是以後再也遇不到了怎麼辦？」他說，不知道會不會後悔，但現在的他真的沒法去愛她了，再勉強繼續下去，自己會很痛苦，對她也不公平，她值得更好的人去愛。

這段話好像還挺讓人感動的。他離開她，是爲了她好，不想傷害她。但在很多人眼裡，小亮這樣的男人可能還是會被認爲不可靠，對感情沒有擔當和責任。

其實，小亮對待每段感情都是很認眞、很投入的，雖然談戀愛的次數有點多，但他都是全心全意地去愛女朋友的，從不會三心二意，更不會腳踏兩隻船。

當他覺得自己沒法再去全心全意愛一個人，寧願結束關係，也不想繼續欺騙她們，所以每次都是和平分手。他對待愛情的態度就是，相愛就在一起，不愛了就分開，不糾纏不爭吵，體面開始，體面結束。對於小亮這樣的男人，你不能簡單地總結爲他是個「渣男」，他只是對愛情的認知比較片面，缺少一些愛的能力。

心理學家史坦伯格提出了著名的「愛情三角理論」。史坦伯格認爲愛情由三個基本要素組成：激情、親密和承諾。

激情：這涉及身體的吸引和情緒的激發，常常包含性行爲，這是愛情中熱烈的部分。

親密：這是人們在一段關係中感受到的親近程度和連接程度。史坦伯格用溫度作類比，把親密視爲愛情中溫暖的部分。

承諾：這是愛情中理性的一面，包括人們爲長期維持一段關係而作出的決定，這是愛情中冷靜的部分。

史坦伯格把既有激情、親密，又在短期和長期都爲對方許下承諾的愛戀稱爲「完美愛情」。然而，並不是所有走入愛情中的人都擁有這三個要素。如果無法同時擁有這三個要素，你們之間可能只是以下六種愛情關係中的一種。

・喜歡式愛情：只有親密。雙方在一起感覺親近和溫暖，卻不會喚起激情或者與對方共度餘生的想法。

・迷戀式愛情：只有激情，缺乏親密和承諾。只是一方認爲另一方很有吸引力，卻對對方了解不多，甚至根本不熟，更沒有想過將來。

・空洞式愛情：只有承諾，沒有激情和親密。比如，一些相親式婚姻，純粹爲了結婚而在一起。或者是激情耗盡的愛情關係，既沒有溫情也沒有激情，只是一起生活。

・浪漫式愛情：有著強烈的親密感和激情，但缺乏承諾。崇尚相愛的過程，而不在乎結果。

・相伴式愛情：擁有親密和承諾，缺乏激情。伴侶雙方會努力維持深刻、長期的親密關係，這種愛情表現出親近、溝通、分享以及愛情關係的巨大投入。相伴之愛的典型例子是長久而幸福的婚姻。

・愚昧式愛情：缺乏親密，只有激情和承諾。缺乏親密的激情和承諾會產生愚蠢的愛情體驗。這種愛情會發生在旋風般的求愛中，雙方並不十分了解或喜歡對方，卻在壓倒一切的激情基礎上閃婚。

從這六種愛情關係來看，很明顯，小亮的愛情一直都停留在浪漫式愛情關係上。他把愛情中的激情成分看得太重，只要激情消失，哪怕他和對方仍有親密感，他也覺得愛情隨之消失了。他把愛情看得太狹隘，無法接受相伴式愛情，無法冷靜理性地看待愛情，所以無法給對方承諾，最終每段愛情也就無法走入婚姻。

但即使在最完美的感情關係中，最初的浪漫興奮也會逐漸發展成爲更加穩定、更加深情的關係狀態，也就是相伴之愛。儘管激情之愛可以熱火朝天，但最終都會平靜下來。

一段關係維持的時間越長，它所引發的情緒波動就會越少，浪漫愛情的高潮可能會持續幾個月，甚至一兩年，但是從來沒有一種高峰期可以永久地維持下去。那種新奇感、對對方的強烈迷戀、激動人心的浪漫、那種令人眩暈的「飄在雲端」的快感，總會隨著時間逐漸消逝。

心理學研究表明，結婚兩年的夫妻所報告的情感體驗比他們新婚時報告的少了一半以上。在世界範圍內統計，結婚四年之後的離婚率是最高的。如果一段親密的感情能夠經受住時間的考驗，那麼它就會最終成爲一種穩固而溫馨的愛情，也就是相伴之愛。令人激情迸發的激素逐漸消退，而催產素則會維持依戀感和信任感。

與激情之愛中狂熱的情感不同，相伴之愛相對平和，它是一種深層的情感依戀。隨著熱烈的浪漫之愛逐漸冷卻下來，人們經常會感到幻想破滅，特別是對於那些將浪漫之愛視作雙方結合和維持長久婚姻基礎的人來說，這種感覺會更加強烈。

這類人通常很難與伴侶建立長久穩定的親密關係，他們執著於激情之愛，會透過重新開始一段親密關係來維持激情。然而，激情終會退卻，每段親密關係到最後幾乎都會發展爲相伴之愛，這是自然而然的結果。只有理性地接受這種結果，學會享受相伴之愛帶來的另一種幸福體驗，他們才有可能擁有穩定長久的親密關係。

社會心理學認爲，互相迷戀的強烈情感的衰減似乎是物種生存的自然適應策略。激情之愛的結果往往使一對夫婦得到孩子，而孩子的存在使得父母不能再只關注彼此。然而，對於那些婚齡超過二十年的夫婦來說，隨著孩子長大成人、開始離開家獨立生活，一些曾經失去的浪漫感覺又重新出現了，夫妻可以重新關注彼此。

馬克・吐溫說過：「沒有一個人會眞正理解愛情，直到他們維持了四分之一個世紀以上的婚姻之後。」如果一段感情曾經是親密的，而且互相獎賞，那麼相伴之愛就會植根於共同體驗的人生風雨歷程中，歷久彌醇。幾乎所有長久幸福的婚姻關係都離不開相伴之愛，相伴之愛可以持續一生，這才是婚姻的本質。

如果現在的你正對愛情感到困惑，正在爲失去激情而感傷，感到美好愛情的幻想正在破滅，不要急於否定這段關係，靜下心來感受一下你們之間是否還有親密的感覺，你和他在一起能感覺到溫暖和踏實嗎？

如果只是激情消失，暫時無法接受，你有必要冷靜下來好好回顧一下，你過去的親密關係是怎麼結束的。你要試著去反思一下自己對愛情的認知是否存在局限性。你對愛情的認知，決定了你對愛情的感受和態度，也決定了你的親密關係的品質。

請試著打開你的愛情思維，打破對愛情固有的狹隘認知，才有可能產生新的愛情體驗，感受到相伴之愛的幸福，讓你的親密關係走向正向循環。

不要對婚姻有太多期待

最近，有個朋友一直向我吐槽，她的老公不懂她的精神世界，兩人的精神世界經常不在同一個頻道上。我問她：「你認為精神世界在一個頻道上應該是怎樣的？你覺得他當初最吸引你的優點是什麼？」

她說：「至少他應該知道我心裡想的是什麼，我說什麼，他應該都能理解我。當初他吸引我的主要是他這個人很有責任心和上進心，人品好，對我很體貼。」

「那麼，現在呢？他的這些優點還在嗎？」我問道。

她說：「嗯，他現在依舊如此，工作努力上進，只要他在家，我就不用做任何家事，他還是對我很體貼的。」

我說：「那不就得了，你愛上的他一點都沒變，他還是那個他，你為什麼還要對他有其他要求和期待呢？」她沉默不語。

其實，很多女人在婚姻裡都會如此，會不知不覺地把很多期待施加在另一半身上，漸漸忘記了自己的初心。婚姻生活是漫長而瑣碎的，久而久之，很多人對自己的伴侶也漸漸失去了原有的新鮮感，有了更多的情感需求，希望對方可以滿足自己。

可是，別忘了，在這個世界上，沒有任何一個人可以滿足你所有的情感需求，更沒有一段完美婚姻可以滿足你所有的期待。如果你把所有的期望都寄託於一個人、一段婚姻關係，你一定會失望，因爲只有你自己才能滿足自己的所有期待。

我和王先生相愛十二年，結婚六年。曾經有段時間，我們的關係也進入了「瓶頸」期。我本身是一個文藝女青年，而且內向敏感，心思細膩，想得比較多。

有段時間，我突然對王先生很不滿，覺得他這個人不解風情，一點也不懂浪漫，還不會甜言蜜語，甚至有些木訥。我想找的是靈魂伴侶，他是那個人嗎？我甚至一度懷疑他是不是真的適合我。

有了這種心理以後，我怎麼看他怎麼不順眼，完全看不到他的優點。我暗自跟自己較勁，對他也忽冷忽熱的。

我慢慢回想起自己當初為什麼會和這個人在一起，我到底看中了他什麼。於是，我的腦海裡出現了這樣的一幕幕。

他會坐在一個地方拿出一袋核桃，一邊看著球賽，一邊剝完整袋的核桃，自己一點都不吃，全都放在杯子裡，留給我吃。在大學四年裡，他幾乎每天都會陪著我自習。因為我喜歡讀書，他就申請了圖書館管理員的工作，這樣我就能每天隨時隨地在圖書館裡博覽群書。

在大二時，我有一次無緣無故發熱，連續五天低燒不退。他每天帶著我去醫院掛點滴，時時刻刻都在我身邊照顧著我。他買了豆漿機，每天搾豆漿給我喝，還用電鍋給我煮稀飯、煮麵條，送到我的寢室。

我的室友們都被他這日復一日送餐的堅持驚呆了。他正直善良、積極進取，總是無條件包容、支持、體貼我，時時刻刻把我放在心上。我和他在一起也感到從未有過的放鬆自在，可以一直做真實的自己。

這些不都是我看上他的優點嗎？為什麼我會對他要求越來越多？既希望他是一個溫柔體貼的暖男，又希望他是一個幽默風趣、深諳女人心的浪漫男人。如果期望越來越多，失望也會越來越多，兩人都會越來越累，關係也就漸行漸遠。

當我不再有所求，開始把注意力轉移到自己身上，努力發展自己時，我發現在我變得越來越好的同時，看他也越來越順眼了。當我專注於做自己喜歡的事，把每一天過得充實而滿足時，我根本沒有多餘的時間和精力，再去想他應該要怎樣對我。

而他仍在默默地為我做著一切，總是主動做飯、洗碗、拖地，讓我騰出更多時間來寫作。他經常在我寫稿時默默地端上一杯牛奶、一盤水果，然後輕輕地關上門。他也會在重要的日子裡，給我一個個驚喜。

有了寶寶以後，他更是成了全能奶爸，日常給寶寶換尿布、洗屁屁、穿衣服、陪玩、講故事、哄睡，駕輕就熟。只要他在家，帶小孩的事從來不用我操心，甚至於我們帶孩子出去時，別人問：是不是在家，爸爸帶孩子更多呀？因為他帶孩子太嫻熟了，總是圍著孩子忙前忙後。雖然他很少會說甜言蜜語，但是這種十年如一日細節上的關懷，對家庭的付出，勝過任何言語。他能給我充分的自由，支持我去發展自己喜歡的事業，按照自己喜歡的方式去生活，不斷給我鼓勵，以實際行動做我最強大的後盾，我還有什麼不知足的呢？

在婚姻中，如果你對伴侶期待太多，很容易讓自己陷入無窮的期待，看不到伴侶當下所做的一切。你的注意力都集中在對他的各種期待上，從而忽略了伴侶已有的優點，如果你總是帶著挑剔的眼光去看他，就會越看越不順眼。他也一定能感受到你的這種不滿情緒，想要逃離你。這無疑會破壞你們之間的親密關係。

心理學上有個「比較水準」的概念，說明太高的期望會對我們的親密關係產生很大影響。前文有提到相互依賴理論，該理論假定每個人都有一個與眾不同的比較水準，即我們認爲自己在與他人的交往中應當得到的結果值。比較水準是衡量我們對親密關係滿意度的標準。

如果交往結果超過了你的比較水準，你就會覺得很幸福；相反，如果交往結果低於你的比較水準，即使這個交往結果其實相當不錯，甚至已經比大多數人好很多了，你還是會不滿足。也就是說，即使你在這段親密關係中獲得了很大的收益，你的伴侶足以迷倒眾人，但這個收益結果沒有大到足夠滿足你的期望，你仍然不會感到幸福。

有心理學研究者追蹤了八十二對新婚夫妻四年，結果發現最幸福的夫妻是那些從一開始就對婚姻生活有著現實看法的人。相比之下，那些持有不現實的積極期望的夫妻，一旦蜜月期結束，往往就會非常失望。

研究還發現，幸福的配偶會控制自己的期望，所以他們的比較水準不會太高。很多不幸的婚姻關係都是源於太多不合理的期待，過多的期待會導致人們的比較水準過高，縱使婚姻很美滿，人們也很難滿足，導致幸福感很低。

有人或許會問：難道我對婚姻不能有任何期待嗎？那婚姻還有什麼意思？你當然可以對婚姻有期待，畢竟人生來就會對親密的人擁有更多期待。你決定和一個人走入婚姻，肯定對婚姻生活是充滿期待的。適當合理的期待能夠促進親密關係的發展。但是，你要注意控制你的期待，不要有太多不切實際的期待。比如，你的另一半畢業才三年，年薪一百五十萬元。你卻期待他能馬上年薪五百萬元，那怎麼能實現呢？又或者你的另一半工作很忙，很能賺錢，你又期待他能有更多時間陪你，這也很難平衡，不是嗎？

隨著現實情況的不斷變化，你可能需要不斷調整你的期待，要使你的期待與現狀匹配，不要讓不現實的期待蒙蔽了自己的雙眼，忽視了另一半的優點。

不對婚姻有太多不合理的期待，你才能專注於當下的婚姻生活，看到已經擁有的幸福。你的比較水準不太高，對親密關係的滿意度才能一直維持在較高水準，幸福感也就更強。

婚姻中的多數矛盾，是因為彼此的需求沒有被看見

在愛情中，很多時候，「懂得」二字比「愛」更奢侈。愛一個人，並不一定能懂他，但懂一個人裡面一定藏著愛。很多夫妻最後分崩離析並不一定是彼此不愛了，而是缺乏懂得。看不見彼此的需求，會讓兩個人相處起來很累，也感覺不到來自對方的愛。

最近，朋友許諾和她老公高翔在鬧離婚，兩個人在這段關係中都很痛苦，經常一言不合就吵架。自從他們有了孩子後，矛盾就不斷升級。許諾和婆婆的關係一直不好，甚至在月子裡和婆婆大吵了一架，陷入決裂狀態，婆婆便再也沒有去看過孫女。

這次吵架也讓許諾對高翔寒了心，她覺得自己辛辛苦苦十月懷胎生下孩子，月子裡正是虛弱的時候，需要家人關心，婆婆對自己冷嘲熱諷也就算了，老公也不幫自己，總是向著婆婆。

她覺得自己在這個家就像個外人一樣，每次和婆婆發生爭執，老公都是和婆婆站在一條線上，讓她妥協，讓著點婆婆，卻從來都看不到她的委屈和受到的傷害。

只要聊起婆媳關係的問題，她的老公就非常反感，覺得她小題大作。哪怕現今鬧到離婚的地步，

她只是想要他一句道歉和保證，保證以後如果再出現婆媳問題，他能公平處理，堅定地表明自己的態度，維護一下她，她就可以不離婚。可是，高翔卻覺得她這是在威脅自己，他討厭被威脅的感覺，兩人的溝通再度陷入僵局。

許諾找到我，希望我能出面找她老公聊聊，因為他們現在根本無法溝通，只要一溝通，一定爭吵。於是，我和她老公高翔約了時間，進行了一場長達兩個多小時的訪談。

在我和高翔的訪談中，主要是他說，我聽。適當的時候會給予一些提問，引導他繼續說下去。他幾次說到動情處都哭了，可見他在這段婚姻中也壓抑了很久。從和他的溝通中，我能看出，他其實還愛著許諾，只是對於婆媳關係他也非常無奈，不知道該怎樣處理。

他說，他媽媽一直很辛苦，為家庭付出了太多。他媽媽年輕時不被他奶奶喜歡，他爸又長年在外打工，全靠媽媽一個人把他和幾個姐姐帶大。從小，他媽媽對他就特別好，給了他全部的愛。因為積勞成疾，他媽媽落下了一身病，還患有嚴重的高血壓，不能情緒波動太大，更不能動怒。所以，他一直順著媽媽的心意，盡量不讓她生氣。他實在做不到忤逆媽媽，也不忍心和她對著來。

他覺得，他只是在婆媳問題上沒有完全順著許諾的意思，但是在其他方面，他一直都是以許諾為中心，千依百順。

他說，在家都是他做家事，為了讓她忙事業，也總是他帶孩子，給她留有很多時間和空間。他為了對她好，快要失去自我，完全無原則、無底線了，為什麼她就不能因為愛他，對他媽媽多點包容，還要這樣逼他呢？

他認為，許諾根本就不愛他，一直都是自己在一廂情願地過度付出，導致現在他只要不順著她的心意，她就受不了。我問他，既然你覺得她不愛你，為什麼還要繼續和她在一起？他哭著說：「因為我還愛著她啊，她還給我生了那麼可愛的寶寶，她是我的妻子啊，我捨不得和她分開。」

我又和許諾深聊了一次。她也承認，在這段關係中，確實一直是高翔付出比較多。她的重心都在事業上，對他疏於關心，有了孩子以後，更是把他的位置排在了最後。

她自己也不太確定，現在是否還愛著他。因為她一次次在婆媳鬥爭中受到傷害，他卻不作為，讓她一次次對他感到失望。失望的次數多了，她就對他不再信任和依賴了。

她覺得自己在這個家，根本不被他的家人尊重，永遠都是外人。縱使婆婆對高翔再好，對自己不好也是事實。即便婆婆是長輩，是他的媽媽，這也不是可以隨意傷害她的理由。難道嫁給一個人，就得忍受他家人對自己的百般傷害和不尊重嗎？她做不到。

她說自己是一個新時代的獨立女性，有自己的尊嚴和原則，無論是誰侵犯了她的底線，她都不想輕易妥協。她沒有必要為了一個人，委屈自己一輩子。如果高翔在這點上弄不清，他們就沒法繼續談下去。

說到底，高翔和許諾最大的矛盾焦點還是在於彼此的需求沒被對方看見和理解。對許諾來說，她渴望得到的是尊重和理解，渴望高翔可以看見她受到的委屈和傷害，尊重她的原則和底線，理解她的追求。

而對高翔來說，他一直有個執念就是，為什麼許諾不能因為愛他，就對他媽媽多包容些。他渴望得到許諾的在乎和親密，來證明她是愛他的。他們都在等著對方來滿足自己的需求，誰也不願意妥協，所以一直僵持不下。

後來，我把他們彼此的需求給他們分析了一遍。我告訴高翔：「婆媳問題是很多婚姻關係中都會出現的問題，可以說是千古難題。在這個難題裡，你的態度很重要，你要意識到，不管你媽媽對你有多好，有多重要，你妻子的位置也不能被動搖，應該是排在第一位的。

「你只有堅定地維護你的妻子，讓你媽媽看到你真的很愛她，很在乎她，和她是一條心的，才能讓你媽媽真正意識到，她的兒子早已長大，已經有了自己的小家庭，她應該退出你們的婚姻關係，不再干涉。

「否則，她總會覺得你們才是一家人，你的妻子是外人。許諾總是覺得自己是個外人，是你不夠堅定的態度造成的。或許這個過程很難，但你必須認清這點，慢慢向你媽媽表明你的態度。

「可能剛開始，她很不適應甚至生氣，覺得自己的兒子好像不聽話了，但這是一個必經的過程，也是所有母子關係發展的必經之路。你得讓你媽媽知道，你的妻子是你生命中最重要的人。時間長了，她會慢慢意識到這點，不再過多干涉你們。你的態度，直接影響你媽媽對你妻子的態度。

「許諾不願意在婆媳關係中妥協，並不能說明她不愛你。愛一個人並不一定非要犧牲自己的原則和底線，她有她的尊嚴和傲氣，你如果愛她，就應該懂得這點。並不是每個兒媳都得對婆婆低聲下氣。想要許諾對婆婆好點，也得婆婆懂得尊重她，這些都是相互的。你要放下這個執念，看見許諾內心的需求，你們才能繼續下去。」

同樣地，我也給許諾分析：「高翔從小在那種家庭環境中長大，導致他從不敢對媽媽說『不』，就像他在婚姻關係中事事順著你一樣。他不是不理解你的委屈，只是不知道應該如何處理這種問題，這可能是因為他在這方面的情商不夠。

「面對生命中最重要的兩個女人，他不知道該如何自處。你如果還願意和他走下去，就得給他一點時間和信任，也給他一些鼓勵和支持，看見他的內心需求，讓他知道自己不是在孤軍奮戰。你要一直在他身邊陪伴著他，讓他知道你是愛他的，只有夫妻同心協力，才能跨越婚姻中的一切障礙。」

其實，像高翔和許諾類似的問題，在很多婚姻關係中都存在。很多人只顧著堅持自己的需求，看不到對方的需求，各自的情感需求都得不到滿足，感情就會出問題，矛盾也會不斷增加。

歸根結柢，親密關係中出現的問題本質上都是需求的問題。每個人在關係中的需求都是很複雜的，大多數人可能會把對方的需求看得比自己的重要，並且不斷壓抑自己的需求，不和對方坦誠溝通，寄希望於對方能夠主動看見自己內心眞正的需求。

我們完全可以表達彼此的需求，進行良好的溝通，並根據彼此的需求做出調整。我們需要持續地看到彼此在需求上的差異，而不是無視或誤解，當彼此的需求都得到重視時，兩個人就會覺得自己是受到尊重和被愛著的。

心理學上有個概念叫「心理可視性」，即對一個人內在需求的理解和認可。心理學家納撒尼爾．布蘭登教授在他的著作《羅曼蒂克心理學：在一個反羅曼蒂克的時代裡》中認爲，無論是友情還是愛情，

「心理可視性」都是愛能夠持續並產生價值的基石，也就是我們「心理意義的自我」能夠被看見。

布蘭登教授將羅曼蒂克之愛定義爲：「人和人之間在精神上、情感上和性方面產生的強烈依戀，它是一方對另一方高度認可的反應。」經歷著羅曼蒂克之愛的戀人，會對伴侶有強烈的感情傾慕，有精神上的依戀，並爲對方的價值觀、外貌等特質所深深吸引。

心理可視性是羅曼蒂克之愛的核心和基礎。在一段成功的羅曼蒂克之愛的關係裡，雙方都能擁有可視體驗，都能感到自己的內在需求被對方看見，內在自我被對方接納。反之，如果缺乏心理可視性，愛可能無法產生，或是無法長久生存。

布蘭登教授將羅曼蒂克之愛視作一個人走向自我完善的重要路途。羅曼蒂克之愛確實存在，也可以長久，只是我們需要對羅曼蒂克之愛投入努力，去看見對方內心眞正的需求，去給予對方眞誠的反饋。

爲了增強你們彼此的「心理可視性」，看見彼此的內心需求，你們可以嘗試以下幾種做法。

1. 情感驗證，承認和理解對方的情緒

「情感驗證」指的是對一個人的內部體驗表示理解和接受。這種體驗並不代表同意、允許和認可，而是一種對其「存在合理性」的承認，以及一種理解的嘗試。具體來說，你們可以嘗試運用以下技巧去驗證對方的情感。

(1)準確地回應。你盡可能使用疑問句，而不是武斷地給他的體驗下定義。要記得這樣做不是爲了判斷，而是爲了理解。比如，對方生氣了，你可以問他：「你生氣了，是因爲你覺得我沒有滿足你的期待

嗎？」而不是說：「有什麼好生氣的，你在生什麼氣？不要總是小題大作。」你要去看見對方情緒背後的情感需求，而不是直接否定他的情緒。

（2）表達理解。試著站在他的角度去思考問題，基於他的性格和經歷出發，去思考此刻的他爲什麼有這樣的反應，做出這樣的選擇。比如，高翔看到許諾在婆媳問題上受到的傷害，他可以對許諾說：「我知道你受委屈了，你覺得我沒有維護你，對我很失望。你一直是一個很獨立的女性，有自己的想法和主見，我理解你爲什麼這麼傷心，我也很心疼你，請給我一些時間。」如果他可以第一時間對許諾的情緒表示理解並給予安慰，許諾也不會對他失望透頂。看見並理解對方的情緒，也就看見了對方內心的眞實需求。

2. 進行深層次的親密對話

很多伴侶進入婚姻後，彼此之間的對話都是局限於日常瑣事。比如，「今天吃什麼？」「你睡了嗎？」就像是例行公事一樣，這些「例行公事」彷彿代替了人們更加重要和眞正感興趣的問題。

當分享不再是出於情感衝動，而是成了可有可無的日常寒暄，那麼，你們就會離彼此的內心世界越來越遠。所以，你們要經常性地進行更深層次的親密對話。

第一，當發生一件事時，你需要眞實地表達自己此時內心深刻的感受。深刻的感受不是指我們對這件事的看法與判斷，而是關於我們內在的感受。有時候，一直糾結著外在發生了什麼，會阻礙我們去理解彼此內心世界正在發生的事。

比如，當你看見伴侶在打遊戲，你不要說：「你怎麼又在玩遊戲，你總是這麼不思進取，打遊戲的時間不能好好學習或者陪陪我嗎？」你可以說：「你好像很喜歡打遊戲，這讓我覺得自己似乎沒有你的遊戲重要，我覺得很委屈，還有點生氣，我感覺自己被你忽視了。」這種深層次的表達要非常及時，它需要你快速地識別自己的內心感受，並向對方眞實地表達出來，這樣對方才有機會理解你的內在世界。

第二，你的感受一定是基於當下產生的，而不是基於過去或未來。很多伴侶在吵架時喜歡翻舊帳，把陳年往事都拿出來講，或者喜歡講未來。比如，當伴侶忘了給自己過生日，有人會說：「你根本就不在乎我，你都忘了好幾次我們的重要紀念日了。還記得上次嗎？我們約好了一起過紀念日，你卻加班給忘了。」這種表達就是脫離當下的，這種脫離當下產生的感受往往帶給你們的不是深入了解，而是苦惱，因爲當下的問題無法解決，帶來的苦惱也無法消散。

你需要表達此時此刻的感受，你可以說：「你是不是很忙？你忘了給我過生日，這讓我覺得很難受、很傷心，我感覺自己被你忽視了，這種具有紀念意義的時刻對我來說很重要，我希望和你在一起度過每一個有紀念意義的時刻。」這時，伴侶就會了解到原來有紀念意義的時刻是你內心非常看重的，他也就理解了你內心的眞實需求。

很多時候，你看重的事並不一定對方也很看重，但並不代表他不在乎你。你需要準確地表達出來，讓他有更多機會深入你的內心世界，看見你的情感需求。

「被看見」，是每個人最基本的需求。如果你在親密關係中沒有「被看見」，即使對方說愛你，你也感覺不到愛。每個人對「心理可視性」的渴望其實就是渴望伴侶能夠看見自己的內在需求，理解自己的內心世界。很多人終其一生，也不過是渴望能與一個可以「看見」自己的人相伴一生。

如此，那些受過的委屈、經歷過的痛苦、流過的淚，都會在「被看見」的那一刻澈底釋懷。如果你想擁有眞正親密長久的婚姻關係，不妨努力試著去「看見」對方，走進對方的內心世界。

幸福婚姻的終極祕訣，是建立深厚的友誼

在我們的孩子一歲半的時候，王先生又去外地工作了，這是我們結婚以來，他第二次去外地工作。每到這個時候，總會有好心的朋友提醒我，夫妻異地，感情很容易出現問題。特別這還是生完孩子以後的第一年，更容易出問題。

我只是笑笑，不置可否。關於異地戀，如果從我們相愛時算起，應該有三次了吧。我和王先生的愛情始於校園，我們大一時就相愛了。畢業後，我們去了不同的城市工作。實際上，他在大四時就出去工作，我們就不在同一個城市了。

校園愛情很多時候並不被人看好，是因為人們多少帶著些學生氣，也就意味著不成熟。很多校園愛情的結局都是畢業就分手，或者工作後隨著距離越來越遠，兩人分道揚鑣。

我和王先生的愛情自然一開始也不被看好，大家都覺得我們分手是早晚的事。當時的我們當然也有考慮到距離的問題，但我們最後都覺得愛一個人不應該成為彼此的束縛，更不能因為愛放棄自我成長的機會。

於是，我們就這樣開始了兩年的異地戀。那個時候，我去過廣州、武漢，最後才定在合肥。我們

會約定兩個星期見一次面，要嘛我去他的城市，要嘛他來我的城市。我每次都會很期待和他見面的日子，到了可以相見的那個週五，下班後，我基本都是一路小跑到地鐵站，坐上高鐵去見他。

到現在，我依舊能夠記得每次相見後的心情：歡喜，安心，溫暖。我們的感情並沒有因為異地而產生什麼問題，反而越來越親密，距離好像成了感情的醱酵劑，讓我們更加篤定，我們就是彼此的另一半。

我們雖然不常見面，但每天都會有交流，他會在每天早上跟我說早安，中午十二點也會打來一通電話，晚上睡覺前也會聊上一會兒，互道晚安。兩年多異地，一千多天，幾乎從未中斷。

記得那時，同事們都知道到了中午十二點，如果我的手機響了，一定是王先生來電話了。他們都開我玩笑，這個節奏比鬧鐘還準時。現在回想起來，這段兩年多的異地戀，居然成了我們愛情故事裡特別美好的回憶。

我們畢業兩年後結束了異地戀，走入了婚姻的殿堂。只是結婚不到一年，王先生又去外地工作，我們又開始了異地分居的生活。當然，這個時候依舊有好心的同事對我說：「結婚了，男人更有恃無恐了，你要看好他。」

我很感謝同事的提醒，但我對我們的感情很放心，畢竟經歷了這麼多，我們對彼此都非常了解，也建立了很牢固的信任。信任，是婚姻的基礎，沒有信任，幸福也就無從談起。我們依舊保持老習慣，每天互道早安、午安、晚安，雷打不動。

我至今仍覺得，這樣的儀式感或者說習慣對維護我們的感情很有幫助。再好的感情也需要花心思經營，花時間交流。畢竟，不在彼此身邊更需要多交流溝通，了解彼此工作生活的細節，分享彼此的喜怒哀樂和成長，就好像參與了對方的生活，並沒有人缺席。

兩個人無論是否在一起，精神世界的交流一定要有。我知道你需要什麼，你的生活中發生了哪些事，內心深處渴望什麼；你也了解我真正想要什麼，我的夢想是什麼，我們共同的目標是什麼。只要彼此分享精神世界，對未來的共同目標是一致的，就算不能時常在一起也能保持同頻。有些伴侶雖然每天都在一起，但缺乏溝通交流，彼此並不了解，心未必在一起。

空間的距離，並不代表心與心的距離。而感情的深厚長久，恰恰看的就是心與心之間的距離。你們的心很近，你們之間建立了深厚的友誼，空間的距離也就沒有那麼重要了。

擁有深厚友誼的夫妻熟知彼此的世界，互相有很深刻的了解。著名心理學教授約翰・戈特曼把這種充滿豐富生活瑣事的區域稱爲「愛情地圖」，這個術語是指我們的大腦中存放所有關於配偶的生活訊息的地方。

這些夫妻爲他們的婚姻製造了大量的認知空間。他們記得對方人生中的重要事件，當配偶世界中的事實或感受發生變化時，他們會及時更新這些訊息。他們往往對對方有著非常細緻的了解，熟悉對方的好惡、怪癖、希望與夢想，他們長久地關注對方，不僅在大事上，也在小事上表達這種喜好。

心理學家艾莉森・夏皮羅對五十對夫妻的研究表明，六十七%的夫妻在首次爲人父母時都有婚姻滿意度急轉直下的經歷。但是，仍有三十三%的夫妻沒有這種經歷。事實上，這三十三%的夫妻中有一半婚姻狀況反而得到了改善。而這三十三%的人就是那些從一開始就擁有詳細的愛情地圖的夫妻，他們在第一個孩子出生後，婚姻仍然很幸福。

這些愛情地圖緊跟在劇烈的動盪之後，保護著他們的婚姻，因爲丈夫和妻子已經習慣不斷更新對方的生活瑣事，且能專心致志地關注彼此的感受和想法，所以他們從未偏離航道。但是，如果你沒有深刻了解配偶就踏上婚姻之旅，當你的生活出現突如其來的重大改變時，你們的婚姻就很容易迷失方向。

對那些沒有詳細的愛情地圖的夫妻來說，孩子的出生只是導致他們迷失方向的生活事件之一。任何大的改變，從工作的變動到生病或退休，都有同樣的效果，甚至單單是時間的流逝也能起到這個效果。

就拿我和王先生來說，我們雖然不經常在一起，但我們每天都會交流溝通，對彼此世界發生的事瞭如指掌。他會知道我在工作中最討厭哪個同事，我最好的朋友是誰，我最近喜歡聽誰的歌，最喜歡看的書有哪些，我每天的心情如何，我喜歡吃什麼，我又買了哪件新衣服，我喜歡做什麼，我的夢想是什麼，等等。同樣，我也如此了解他。這份基於深刻的了解建立起的友誼，正是我們婚姻關係最堅實的基礎。越了解彼此的內心世界，夫妻感情就越深厚，回報也越豐厚。

夫妻之間的深厚友誼會成爲避免衝突的有力屛障，它也許不能事先阻止每次爭吵，但是它可以防止你們因意見分歧而破壞關係。當你尊重對方時，即使你不同意對方的觀點，你通常也能欣賞他。

戈特曼教授的研究表明，在最牢固的婚姻中，丈夫與妻子有著很強的共識，他們不僅相處融洽，而且相互支持對方的理想和抱負，並將這作爲他們共同生活的一個目標。

在一份研究中，擁有十五年以上長久婚姻的夫妻，在被問及維持關係的祕訣時，大多表示「我的配偶是我最好的朋友」（Lauer & Lauer, 1985）。更有學者指出，當人們處於友誼濃度較高的關係中，他們更尊敬伴侶、更在意關係，甚至在關係中實現自我拓展（Lewandowski, 2020）。也就是說，這些人不但擁有穩定美滿的關係，還能在愛人的關注下變成更好的自己。

由於我和王先生彼此充分了解，懂得欣賞對方，支持對方的理想。所以，在我因為不喜歡自己的工作，裸辭四次時，他從來不會說我什麼，都是默默地鼓勵我、支持我，讓我從財務工作者成功轉型為自由撰稿人。

當他裸辭創業時，我同樣也能理解和支持他的選擇，無論他是成功還是失敗，我都相信他。在彼此迷茫困惑時，我們會給對方指點和建議，開導對方，默默陪伴。我們對婚姻生活有共同的目標，彼此賦能，幫助對方成為更好的自己，為更美好的未來共同奮鬥。

我們在一起的十二年共同經歷了生活中很多風風雨雨。有過身無分文還欠債的時候，有過因為生病而四處奔波求醫的時候，有過因為孩子的降臨而生活變得一團亂的時候，我們始終相互扶持，共同面對生活的刁難，為了更好的生活一起努力。

有研究顯示，「八〇後」「九〇後」與「六〇後」「七〇後」的婚姻觀大不相同。對前者來說，在影響他們決定進入婚姻的因素中，彼此的投入和陪伴明顯比爲了獲得經濟上的穩定和生兒育女更加重要（Wang & Taylor, 2011）。也有研究指出，「八〇後」「九〇後」比「六〇後」「七〇後」更喜歡與自己受教育程度相同的人結婚。隨著性別平等觀念的普及，女性普遍受教育程度更高，不再需要依賴男性獲取社會資源（Barroso et al., 2020）。

更多的女性希望在婚姻的權利動態中可以感受到「雙方的愛好都受到重視」「能夠自由自在地展現自我而不是矯揉造作」「珍視彼此的才能和決定」（Barroso et al., 2020）——這正好與好的友誼特徵「平等、眞實、尊敬」不約而同（Davis & Todd, 1985）。

從本質上來說，缺乏友誼之愛的內核是缺乏親密的互動、平等的溝通以及對彼此深入的了解。只要在長期的相處中，一直讓關係處於「一方不分享、另一方不過問」的狀態，即使肢體上依然同床共枕，心靈上也無法眞正看見彼此的世界。

如果你們之間沒有建立深厚的友誼，現在建立也還來得及，深入交流溝通，增加對彼此的了解是最核心的部分。你們可以嘗試以下幾種方法。

1. 經常性輪流說

夫妻雙方每人傾訴十五分鐘。可以傾訴你目前的煩惱，你內心的渴望，以及你對未來的期待，等等。總之，要試著讓對方了解你的內心世界。

2. 表示你對伴侶真的感興趣

積極傾聽對方，彼此交流時不要心不在焉，東張西望，要把注意力放在伴侶身上，要有眼神交流，要適時點頭，要說「嗯」「啊」之類回應的話。

3.表示你的理解

比如，當伴侶訴說自己的苦惱時，不要急於提建議。如果迅速爲伴侶遭遇的困境提出解決辦法，對方可能會覺得你把問題淡化了或是不關心這個問題。你首先要與他共情，可以說：「眞糟糕！我也覺得壓力太大了，我知道你爲什麼會有這樣的感覺。我很心疼你。」這會讓伴侶覺得你眞的有理解他，給他帶去心靈的慰藉。

4.表達一種「我會一直陪著你」的態度

如果伴侶感覺自己是在獨自面對一些困難，你要表示你們是休戚與共的，要讓對方知道你們是在共同面對這個問題，給他力量。

5.表達欣賞愛慕之情

擁抱伴侶，把胳膊搭在伴侶的肩膀上，說「我愛你」「我支持你」「你一直都很棒」。對維持一段有價值的、長久的婚姻關係而言，喜愛和讚美是兩個非常重要的因素。

作家蘭德斯說過一句話：沉迷於色慾和眞正的愛情之間有著很大的差別，愛情比純粹的激情更爲深刻和豐富。愛情構築在寬容、關愛和溝通基礎之上，愛情是「熊熊燃燒著的友誼」。

當你們建立起深厚的友誼後，你會發現，你們的婚姻城堡變得堅不可摧，因爲它才是幸福婚姻的終極祕訣。

久處不厭的婚姻，有可能做到嗎？

我和王先生在經歷了四年校園愛情和一年異地戀後走入婚姻，如今到了結婚六週年紀念日。相愛十二年，朋友們都很好奇，爲什麼我們在一起這麼久了，看起來還像初戀小情侶般美好甜蜜。

很多朋友每一次見到我們，都會被甜到，這種甜蜜可以從很多細節裡捕捉：我過馬路時，王先生總是會不自覺地牽起我的手；吃飯時，他總會將我喜歡吃的菜夾到我的碗裡；一起買菜購物時，他從不讓我拿任何東西，說幹體力活就是他的事；和我說話時，他總是笑呵呵地看著我，一副認眞的表情……我的朋友們將諸如此類小細節看在眼裡表示很羨慕，她們說也好想有這樣的一個人能和自己攜手到老。

乍見之歡容易，久處不厭卻不容易。兩個相愛的人在一起時間長了，尤其是走進婚姻以後，很容易被很多具體的瑣事漸漸磨掉了愛的激情。久處不厭，有可能做到嗎？

久處不厭就是兩個人在一起感覺非常放鬆自在，每一天都因爲他在身邊而感覺特別踏實安心，喜歡和他待在一起，怎麼都不會膩。每天都想看到他，和他一起吃飯聊天，總是有說不完的話。在他面前，你可以不顧形象地嬉皮笑臉，可以毫無保留地暢所欲言，也可以卸下僞裝淚流滿面。

其實，久處不厭並不是說你們之間一定要親密無間，恨不得一天二十四小時都待在一起，而恰恰需要你們保持一點距離感。也就是說，久處不厭是距離感和親密感保持相對平衡的一種情感狀態。只有保持恰到好處的距離，擁有濃而不膩的親密，你們的婚姻才能做到久處不厭。

親密和獨立是人類存在的兩大基本需求，貫穿我們的一生。在親密關係中也是如此。對親密的需求，意味著我們需要與伴侶保持一種親密感。對獨立的需求，則意味著我們也需要有自己的個人空間，需要與伴侶之間保持一定的距離感，保持自我的獨立性。

雖然我們成爲伴侶，但是並不代表彼此之間就要無所不言，事無鉅細地向對方彙報。在結婚之前，我們是獨立的個體，結婚之後，我們依舊是獨立的個體，只是我們的關係讓我們多了另一個角色：愛人的伴侶。我們首先是自己，然後才是彼此的伴侶。

我和王先生結婚後，我們依舊有充分的個人獨處時間去做自己喜歡的事，我有我的寫作圈子，他有他的籃球圈子，很少會彼此干涉，也不會刻意地待在一起。

當我在忙著自己的事，沉迷於寫作時，我們可能一天下來都說不上幾句話。除了吃飯睡覺，我把自己關在書房裡，一寫就是一個白天，甚至晚上還會繼續寫。他非常尊重我的個人空間，從不會打擾我，還會自覺包攬下所有家事，給我充分的時間和空間完成自己的事。

他可能不知道我具體在忙些什麼，但會默默支持我，不會多問。我一般會在恰當的時機跟他分享我的階段性成果。他忙的時候也是一樣，我也不會細問，給他充分的時間和自由讓他去忙自己的事。這是我們保持獨立自我的一種生活方式，我們都需要在自己的領域，實現屬於自己的價值。

結婚九年的劉若英曾在《我敢在你懷裡孤獨》一書中，描繪她和鍾先生婚後的生活狀態：兩人一起出門，去不同的電影院，看不同的電影。而後兩人一起回家，進家門後一個往左，一個往右。兩個人有各自獨立的臥室和書房，共用廚房和餐廳。這其實也反映了夫妻雙方的獨立需求，即使兩人結婚了，感情很好，也依舊可以保持某種程度上的獨立，而不影響雙方之間的親密感。

婚姻中的兩個人都可以擁有自己的小世界、小圈子，這種恰到好處的距離感，會讓對方一直對你有興趣。兩人在自己的小世界裡不斷成長，漸漸變成更好的自己。這種新鮮的神祕感，會讓對方總是帶著好奇心去關注你，越發地心生歡喜。

除了給彼此獨立的個人空間來滿足我們的獨立需求，我和王先生也會有一些特定的情感表達方式滿足彼此的親密需求。比如，我們會經常對對方表達自己的欣賞，說一些讚美對方的話。當我做成一件事時，王先生會對我說：「你一直都很聰明又非常努力，什麼事都難不倒你。你的爆發力和潛力一直都很大。」王先生要是做成一件事，我也會及時誇他：「你簡直太厲害了，不愧是被我選中的人，我真是越來越愛你了。」

經常讚美伴侶會讓伴侶覺得你很懂他，他的自我價值感就會得到滿足。我們都需要在彼此的愛中尋求認同感，互相解讀彼此存在的意義。對維持一段有價值、長久的婚姻關係而言，喜愛和讚美是兩個非常重要的因素，因爲這是一種非常積極的情感表達方式。

情感表達不論是語言的還是非語言的，都是很重要的。經常讚美對方是用語言表達情感，除此之外還有非語言的情感表達方式。比如，我們可以給對方一個擁抱、一個吻等肢體接觸，也可以一起做一些有意義的事，一起看電影、一起跑步、一起做飯、一起打掃衛生……享受二人世界的溫情美好。

情感交流對於愛人來說在很多方面都是有益的。阿德勒在《溝通的藝術》書中寫道，在一項研究中，已婚和同居的伴侶被要求在六個星期的時間內增加接吻的次數。與對照組相比，那些頻繁接吻的伴侶不僅降低了壓力水平，也提升了兩人關係的滿意度。

其他研究也顯示，無論是當面表達還是編寫出來，用語言表達情感也有著與接吻類似的生理效應。我們每個人都有一個情感帳戶，當愛人中的一方存入足夠的量，我們的情感帳戶就會很富有，彼此之間能感覺到滿滿的愛，感情不斷升溫。

研究顯示，做一些浪漫的事，比如凝視愛人的眼睛，依偎著坐在一起通常會引起我們心中浪漫的感覺。因此，伴侶之間經常進行情感表達是很有必要的。紀念日的時候，精心給對方準備一個小禮物，哪怕是做一頓大餐犒勞一下對方也是一種表達愛的方式；每年相約一次旅行，哪怕只是小旅行，也是一種讓兩個人感情升溫，幸福指數飆升的方式。

兩個孤獨的靈魂因爲相愛而相互取暖，變得更豐富，在生活的點點滴滴中傳達愛的溫度。因爲總是能體會到溫暖的感動，就會有一次次的心動，如初見時的心動讓雙方都能時常體會到愛的浪漫，增強彼此之間的親密感。

親密和獨立，是關係的一體兩面，不可分離。一旦兩者失去平衡，無論是太過依賴還是太過疏離，都會導致親密關係出現問題。太過依賴會讓我們漸漸失去自我，婚姻關係會成爲一種束縛。太過疏離，會讓我們越來越疏遠，體會不到親密感，婚姻關係也就變得可有可無。

只有同時滿足獨立需求和親密需求，婚姻關係才能不斷迸發出新的活力。親密有間，保持自我，才是親密關係最好的狀態，才能擁有久處不厭的婚姻關係。人生若只如初見，我們可以比初見時更美好。

良好親密關係的本質是平衡

每一段良好穩定的親密關係，其實雙方都是處在相互平衡的狀態。世界知見心理學大師傑夫・艾倫在《親密關係的祕密》中寫道：「所有關係的最大課題是：親密和依賴的拉鋸。這場爭鬥的結果就是一方在情緒上變得十分依賴，即使雙方各自在很多領域都很獨立，在一段關係中也不可能同時有兩個非常獨立的人，因爲所有關係都是相互平衡的。」每一段關係都有自身的平衡之道，而且在這種平衡狀態下，更深的層次裡總是有某種共謀的部分。

的確如此，我們會發現很多親密關係出現問題本質上都是親密和依賴的拉鋸戰，一方過於依賴，另一方過於獨立。

我的一位讀者朋友沈月曾寫信告訴我，她和她老公唐明的婚姻故事。沈月和唐明結婚十年，如今的婚姻狀態讓她感到非常絕望，她不知道自己到底做錯了什麼，讓唐明越來越想逃離她。她越是想拚命抓住他，他就逃得越遠。很多時候，她感覺自己像是在唱獨角戲，想要跟他溝通，卻不知道怎麼溝通。常常一溝通情緒就上來了，跟他吵架，他連吵都懶得吵，反應冷漠，好像面對的是一堵牆。

她認為自己做得很好，在外人眼裡，她是精明能幹的太太，把家庭照顧得很好。但她內心深處最渴望得到的是來自老公唐明的認可，她希望唐明因此更加愛她，離不開她。但唐明並沒有滿足她的情感需求，也沒有表現得如她期待的那樣與她更親近，他反而比剛結婚那幾年更疏遠自己了。

她特別忍受不了唐明頻繁出差，希望他能換一份不用出差的工作。每次唐明出差，她都會抱怨這件事，懇求唐明不要出差，有時甚至會大鬧一場。唐明出差後，她也總是問能不能早點回來，對他的行蹤進行盤問，但凡他很久沒回消息，她就會情緒激動。這導致唐明出差的次數越來越多，時間也越來越長，好像在刻意躲避她，沈月甚至懷疑唐明是不是有了外遇。

沈月和唐明的情況就是典型的依賴和獨立的拉鋸戰。沈月是依賴型伴侶，唐明是獨立型伴侶。一般在親密關係中，都會存在這兩種類型的伴侶，但唐明和沈月的情況已經達到了獨立和依賴的兩極化。他們的親密關係陷入了「追逃模式」，一個拚命追，另一個拚命逃。依賴型伴侶追得越緊，獨立型伴侶逃避得越厲害。簡單來說，「追逃模式」就是指一方抱怨索取，另一方迴避拒絕；一方情緒激動，另一方表現冷漠。就好像是貓追老鼠一樣，一方總是在追逐，另一方總是在逃跑，這種狀態被稱爲婚姻中的「癌症」。

這也反映了雙方不同的心理需求，依賴型伴侶總是想確定「他是不是眞的愛我，在乎我」，而獨立型伴侶總是想擁有自己的個人空間，渴望在親密關係中依舊能堅持自我。

依賴型伴侶走到極端，就會成為獨立型伴侶可怕的夢魘。他們會覺得自己完全被另一半束縛了，沒有任何個人空間，婚姻關係成了牢籠，身在其中會讓自己喘不過來氣，感覺非常壓抑緊張，無法放鬆。於是，他們會選擇有多遠逃多遠，遠離這種讓人倍感壓力的氛圍。

親密關係中出現的所有問題，其實都能反映出個體在過去的人生經歷中未被滿足的需求。我了解到，沈月從小到大都是外人眼中的「乖乖女」，因為小時候，她的父母常年在外打工，不能回家。她常常會覺得是不是因為自己不夠好，才導致父母總是不在自己身邊，所以每次父母回家，她總是表現得非常乖巧，極力討他們歡心，希望他們能多陪陪自己。

她從小就沒有安全感，所以在和唐明的關係中，她把對父母的這種不安情緒投射到唐明身上，只要唐明不在身邊，她潛意識裡那種被拋棄感就出來了，開始變得患得患失，緊張兮兮。

而唐明從小生活在父母爭吵的環境中，讓他潛意識裡害怕婚姻中的衝突，他不想自己的婚姻也變得像父母的婚姻一樣充滿爭吵。所以，他總是試圖跟沈月保持距離，一旦兩人關係緊張，他就選擇逃避，鑽到自己認為的安全角落裡。

實際上，他們兩人的內心深處都是害怕親密關係會就此破裂，只是選擇兩種不同的防禦措施，一方希望兩人能離得更近，透過親近和融合來緩解關係帶來的焦慮；而另一方希望兩人能離得更遠，透過迴避和疏離來緩解關係帶來的焦慮。而他們缺乏正確的溝通模式，導致兩人內心的真實需求都沒被對方看見。

「追逃模式」在親密關係中非常常見，很多伴侶都深陷其中，無法自拔，非常痛苦。那怎樣才能打破這種模式，重新建立起彼此溝通的橋梁呢？你們可以嘗試以下幾種方法。

1. 自我反思

如果你是依賴型伴侶，你要做的是停止內心潛藏的對伴侶的索取。你已經是成年人了，要對自己的需求負責，學習處理自己的需求。沒人能給你安全感，安全感都是自己給的。

停止操控你的伴侶，不要企圖透過發脾氣、無理取鬧、步步緊逼的方式去取得伴侶的關注，這種方式只會把他越推越遠。不要再讓伴侶去填補你的情緒「黑洞」，你要透過覺察自己的情緒，看到自身存在的問題，試著把注意力轉移到自己身上來。

如果你是獨立型伴侶，你要做的是停在原地，試著去親近和欣賞你的伴侶，看到對方爲這個家的付出，看到他身上的優點，想想當初你是怎麼被他吸引的。

他所做的一切，也不過是因爲很愛你，很在乎你，只是有時方式或許不太恰當。想想你是不是也有一些問題，停止評判你的伴侶，試著理解他的感受。

2. 給對方一些耐心

你們需要給對方一些耐心，心平氣和地坐下來，輪流給對方五分鐘的時間傾訴，坦誠地表達內心深處的感受和需求，不要去評價對方，只講述自己的感受，以第一人稱「我」來表達感受。

在輪流發言的過程中，不要打斷對方，不要離開，盡最大努力去傾聽對方。你們會發現，你們深層的感覺是相似的：自己不被傾聽，不被對方尊重。

一旦你們明白了彼此之間的感覺是相似的，學會放棄控制，放棄「我一定是對的」的想法，你就能看見對方的眞實需求，看見你們雙方其實都在被自己長久以來的問題困擾，你們都在自我掙扎。你就會激發自己的同理心，開始懂得站在伴侶的角度來理解他，包容他。

很多親密關係都在依賴和獨立的兩極化中終結，因爲這種拉鋸戰讓雙方精疲力盡。如果你們想要走出來，就需要讓獨立和依賴回歸平衡，試著鼓起勇氣改變自己，或許你們之間的關係也會開始改變。

多少婚姻關係，死於假性親密

朋友燕子最近向我傾訴，她發現她的婚姻好像已經名存實亡。她說，她之前就覺得，自己的婚姻總是缺了點什麼。表面看上去，夫妻和諧恩愛，從不吵架，凡事有商有量，相敬如賓，好像沒什麼衝突，很多人甚至羨慕他們這樣和和睦睦的狀態。但只有她自己知道，他們的婚姻狀態太過平穩，像是一潭死水，感覺不到幸福，也感覺不到痛苦，就是感覺挺安全的狀態。

只要他們繼續扮演好各自在婚姻中的角色，明確分工，做自己應該做的事，他們似乎就不會有什麼矛盾，安全的狀態就不會被打破。她可以一直安分守己地扮演好妻子、好媽媽的角色，盡心盡力地維護好這個家庭的和諧穩定。

但這次因為老公被調去外地出差，她和孩子留在家裡，她對他們之間的關係有了更深的感受。她發現她老公好像是可有可無的存在。之前在家時，他們之間除了聊孩子的事和必要的家庭大事，很少會聊其他有關自己的事。每天的交流僅限於「今天有時間接孩子嗎？」「晚上加班嗎？」之類的話題。回到家面對面時，也從來沒有因為什麼事情而認真深入地交流過。

她曾經試著和他深聊過，但是他們對很多事看法都不同，根本聊不到一塊，就好像是「雞同鴨講」，完全無法明白對方的意思。為了不給彼此為難，避免吵架衝突，破壞當下和諧的關係，他們都不約而同地選擇了沉默。

她老公出差後，他們之間更是無話可說，經常互不聯繫。除非有什麼具體的事需要討論一下，否則可以一連幾天不聯繫。有時，她也想聯繫老公，卻不知道該說些什麼。她偶爾發個牢騷，她老公要嘛不回應，要嘛就講大道理，讓她意識到自己的問題。她想著，反正得不到期待的回應，何必自討沒趣，也就懶得再跟他說些什麼。

久而久之，他們好像都很有默契地為了維持表面親密，刻意避免過多的交流溝通，以防關係出現不可預料的結果。表面上看，他們是一對恩愛夫妻，尤其是在孩子面前，他們會互相維護對方；在朋友面前，也會給足對方面子。

沒有人覺得他們的婚姻有什麼問題，她甚至也經常安慰自己，要懂得知足。畢竟老公也沒啥不良嗜好，踏實顧家，又很上進，賺錢養家。在外人眼裡，這已經算得上是好老公了。

可身在這樣看似幸福的婚姻裡，她卻一點也感覺不到幸福，甚至很多時候內心覺得很壓抑。她懷疑是不是自己太矯情了，尤其在這次老公出差後，這種感觸更深，她覺得自己好像並沒有老公，而是孤身一人面對生活中的所有困難。

她經常因為一些事一個人生悶氣，她老公從來都察覺不到她的情緒變化，既不提，也不問，更不會主動關心她。所有的壞情緒，都靠她一個人慢慢消化。雖然她知道，這種消化很傷身，可她找不到其他出口。

當年他們走到一起，完全是兩個大齡青年「條件匹配」，彼此之間頂多算是有好感，談不上愛，更像是為了結婚而結婚，一起搭伙過日子。所以這可能是他們一直走不進對方心裡的原因吧。他們從來不曾真正了解過真實的彼此，而是一開始就活在了婚姻的角色中。他們為了建立一段看似親密和諧的婚姻關係，都害怕曝露真實的自己，害怕真實的自己不被接納。於是，他們努力扮演好妻子、好老公的角色，維持表面的幸福。這其實是一種「假性親密」的狀態，是兩人有意地「在關係中逃避關係」。

有心理學家認爲，假性親密關係會使夫妻陷入「情感禁閉」的狀態，這就意味著雙方「默契」地認同這種狀態——共同保持情感上的痲木。這種痲木的狀態實際上是一種心理防禦系統，用以防禦同理心、親密感、情感風險和情感投資。

它驅動著僞裝的連接，從表面上看，像是眞實的關係，但它讓我們感受不到眞摯的情感交流以及付出的快樂。同時，它保護著我們免受因付出眞情實感而可能帶來的一系列傷害，因爲從未付出，所以也不必承受失去的痛苦。

這樣的關係看起來是長期且穩定的，因爲彼此都不會向對方曝露自己眞實的情緒，所以也很少產生衝突，它能幫助我們抵抗不確定性的恐懼和焦慮，使我們覺得待在這樣一段關係裡是「安全」的，是不會「失控」的。

因爲在這段關係中，雙方從情緒到行爲反應都是在可以預測的範圍內，使我們得以從眞正的親密關係帶來的複雜性中獲得解脫。但這也意味著這樣的親密關係只能停留在這一種平和的、有距離的狀態，無法眞正達到親密。

很多時候，吵架衝突反而是在曝露彼此的問題，有利於增進對彼此的理解。想要避免吵架，避免可能出現的一切不確定的衝突，避免導致無法挽回的結局，其實就是源於對這段關係的不信任。

正如精神分析學家唐納德・溫尼科特所說，爲了保證安全，我們不知不覺地製造了一個「虛假的自我」，將我們未發展的「眞實的自我」埋藏在我們的內心深處。我們說服自己，我們的伴侶對虛假的自我比對脆弱的眞實自我更感興趣。所以，爲了維護親密關係的穩定，很多人會不自覺地以「虛假的自我」與伴侶相處，扮演既定的角色。

前文說過，史坦伯格認爲愛情由三個基本因素組成：激情、親密和承諾。空洞式愛情裡只有承諾，沒有激情和親密。比如，相親式婚姻，兩人純粹爲了結婚而在一起；或者是激情耗盡的愛情關係，既沒有溫情也沒有激情，只是一起生活過日子。假性親密關係，實際上就是一種空洞式愛情的狀態。

就像燕子和她老公的婚姻，一開始就沒有激情和親密的部分，他們走入婚姻僅僅是需要找個伴，基於承諾去維持婚姻的穩定長久。因此，他們在婚姻中一直很理性，很少釋放自己真實的情緒，這也阻礙了他們進一步深入了解彼此。在他們看來，這樣一種婚姻狀態是正常的。

尤其是燕子的老公，他是一個非常傳統務實的男人。燕子說，她公婆的婚姻就是如此，兩人相敬如賓，一輩子也沒吵過幾次架，兩個人之間客客氣氣的，也很少交流。她公公常年在外打工，婆婆一個人扛起照顧一家子的重擔，是典型男主外、女主內的傳統家庭。

所以，在她老公看來，父母一輩子穩定地走下來，這樣的婚姻沒什麼不好。但燕子每次去他家，都感覺不到什麼溫情，而是感覺到一種很壓抑的氣氛。不像在自己家，自己父母總是說說笑笑，有說不完的話。

著名心理學家小馬克・博格在《假性親密關係》中寫道：「這是一則親密關係的寓言，它揭示了關係中最黑暗的元素。」他指出，假性親密關係是這樣一種關係。

「看起來很親密」。也就是說，在別人眼裡，這跟眞正親密的情侶並沒有什麼不同。關係雙方跟眞正親密的情侶一樣，尊重對方，維護對方，給對方提供一種情感上的安全感。

「親密」的目的是「保持距離」。這是它跟眞正的親密最大的區別，同樣是尊重照顧彼此，眞正親密和假性親密卻很不一樣——前者是爲了了解彼此、走向進一步的親密，後者卻是爲了避免關係中的不確定性，保持一種安全距離。而且因爲「看起來很親密」，關係雙方也很難意識到自己處在假性親密中。

在假性親密中，「扮演角色」比「認識眞正的對方」更加重要。假性親密關係往往存在一個關係模式，比如「你出主意、我服從」「我付出、你感恩」，雙方在角色的期待下完成既定的任務，一旦有人不符合這個模式就會感到危險。

相親式婚姻有時就是這樣一種狀態，很多人爲了傳宗接代而結婚，彼此之間並沒有愛情，進入婚姻後，也都是在扮演自己該有的角色，他們從不自主、自發地互相表達愛意。

可能他們在一起生活一輩子，也沒有眞正了解過眞實的彼此，只是按照既定的關係模式穩定地走過來。他們沒有體驗過眞正的親密關係是怎樣的，也就覺得這就是正常的婚姻狀態。

在這種僵死的、公式化的、缺乏活力的家庭裡長大的孩子，就更容易認爲，親密關係、婚姻、愛就是這樣一種公式式的互動而已，很容易缺乏「激情」。

而對於另一部分曾經有過親密體驗的伴侶，他們漸漸發現，另一半並不像想像中那樣美好，開始看到對方的很多缺點，進入了親密關係中的幻滅階段。爲了避免幻想破滅可能帶來的親密關係危機，他們開始選擇隱藏自己眞實的情緒和感覺，以維持當下表面和諧的狀態。尤其是一些男人會選擇逃避，畢竟生活已經這麼難，工作也很累，回到家只想躺平，不想說話，更別說與人深度交流，能省點麻煩才好。

在假性親密關係中，不管我們多麼想去愛，曝露眞實自我隱藏的焦慮會促使我們不斷重複這個模式，以至於我們一直學不會如何建立眞正的親密關係。

雙方的行爲都在阻止眞正連接的可能性。也許假性親密關係最大的潛在問題是，每一方都經歷了孤立和對另一方隱約的不滿。雙方在某種程度上都知道有些重要的東西缺失了，但他們依舊攜手建立起了降低焦慮的機制，避免和對方分享眞實的感覺，儘管這種機制會使關係變得冷漠和令人窒息。

這次老公出差的經歷，讓燕子突然意識到，原來自己的婚姻一直是有問題的，只是之前一直選擇性地忽視了。她也是有情緒、有情感需求的女人，也渴望得到另一半的關心和安慰，渴望被人疼愛。她很想改變當下的狀態，渴望與老公的關係能夠拉近一些，不想一輩子活在某個角色中，哪怕改變充滿變數，甚至充滿冒險，她也想去嘗試，去突破。

眞正的親密關係是你與另一個人之間深刻的、自由的、互相回應的連接，是一種能共情對方憂傷苦惱的關心，是彼此之間的坦誠和接納，雙方自願自然地爲一段情感付出。所以，想要打破假性親密的狀態，走向眞正的親密關係，你可以嘗試以下幾種做法。

1. 溝通之前，先理解和接納真實的自我

在嘗試溝通之前，要先理解和接納眞實的自我，只有當你眞正接納了自己，才敢於曝露自己，發現自己的問題。把親密關係出現的問題當成自我成長的契機，每個人都需要不斷成長，不要害怕曝露問題。當你在親密關係中遇到一個困擾的問題時，你要自我覺察一下，當下的你是什麼樣的情緒？你做了什麼？爲什麼會這樣做？是否想起了類似的場景？當時你受到了什麼傷害？所以才會不自覺地建立起某種防禦機制，去阻止類似的危機出現。

當你意識到自己正在啓動這種防禦機制，不要進行自我批判，要知道，這種防禦機制其實也是你進行自我保護的一種方式。你可以以一個旁觀者的角度重新思考一下，這種應對方式是否適用當下這種場景，是不是可以換一種應對方式。待這些問題漸漸清晰，你的防禦機制就會慢慢鬆動，你就可以嘗試去表達自己眞實的情緒和感受，展示眞實的自我，脫離既定的角色，從固有的關係模式中走出來。

2. 練習不防禦的溝通

小馬克・博格等人提出了一個DREAM序列的概念，DREAM序列就是從假性親密關係中恢復的基本要點。DREAM是發現（Discovery）、修復（Repair）、賦能（Empowerment）、替代選擇（Alternatives）和互惠關係（Mutuality）的首字母縮寫，這五個步驟是將你從假性親密關係中解脫出來的實用技巧。這些步驟可以按順序進行，也可以組合使用。這個技巧中最重要的工具就是「四十－二十－四十」自我－他人評估溝通方法，可以在衝突中有效卸除防禦。

・列出一個當前困擾你們的問題，想像你跟對方在一張桌子上就這個問題進行談判，在你們倆中間有一條把桌子平分的線。然後把中線的寬度擴大到占據你們之間空間的二十％。這樣一來，你們雙方都需要放棄十％的領地。

・承認一個假設：你們雙方都對這個問題負有責任，雙方都應該承擔不小於四十％且不大於六十％的責任。你們要從這二十％的中間地帶開始談判。

・雙方都應把重點放在自己身上，分享各自的感受，而不必擔心受到責備、批評或因說出感受被別人用來對付自己。

・每一方必須能夠安全地承認他們在事件中的角色，不管是好的還是壞的。

・雙方都要認眞聆聽，不指責、不批評，這對增進雙方相互了解至關重要，把責任推給別人或一方使用分享的內容來操縱另一方都是犯規的行爲。

・嚴格限定分享的時間。建議每一方的第一次分享時間爲五分鐘，其後的每一次爲三分鐘（不得插話或交談），來回交換談話權，直到雙方感到已經形成解決方案，或者至少已朝著解決問題的方向前進。

・分享結束後，記錄這次溝通帶給自己的感覺，比如，「曝露脆弱的感覺是怎樣的？」「我發現了對方哪些我不知道的事？」

這種方法的有效性在於，每一方都掌握了如何自由地、內心安全地表達自己的需求，以一種沒有防禦的、清晰而重點突出的方式表達，不用處理討厭的回饋或建議。每一方都聽取對方的意見，並向對方學習。借助練習，你們越來越能做到抛開責備，幾乎在無意識的情況下，你的焦慮情緒和陳舊的防禦習慣慢慢溜走了，這爲建立彼此的眞誠關懷的情感清理出了空間。

3. 心懷慈悲地共情，眞誠地關懷對方

共情是指透過回憶自己對相同或相似感受的體驗來深刻地體會他人的感受，而假性親密關係旨在阻礙共情。如果你們想要走出假性親密關係，就需要去心懷慈悲地共情對方，設身處地地體會對方的感受，共情對方的喜怒哀樂。要知道，你的伴侶不僅僅是孩子的爸爸或媽媽，你的老公或老婆，這些只是他身上的角色，他更是他自己，一個眞實鮮活的男人或女人，你要看見角色背後眞實的他。

溝通的突破口除了以上針對某個問題深入溝通外，平時也要多關注對方的情緒波動。比如，當對方情緒低落時，你可以關切地問一下：「你的心情不好嗎？遇到什麼事了？可以講給我聽聽嗎？有些事說出來心裡可能會舒服些。」如果他沒有及時回應，還是選擇不說，也不要輕易放棄，可以默默地陪伴他，

邀請他和你做一些可能會讓他開心的事，如果你平時留意他喜歡做什麼，這個時候，你可能就知道該怎麼做了。

當然，你也要有預期，不要想著關心他幾次，他就能來關心你，甚至你們很快就可以親密起來。你在關心他的時候，不要帶著需要他回報的心理，就僅僅把他當成自己的愛人，發自內心眞誠地去關心他，去付出愛，從情感上共情他，體會他的感受。你還可以抱抱他，增加肢體接觸，給他溫暖。如果他本質上不是一個冷漠的人，一定能感受到你的變化，人心都是相互的，時間長了就會回應你。

從假性親密關係走向眞實的親密關係，肯定需要一個漫長的過程，雙方都需要不斷學習愛與被愛的能力，改變自己，突破重重關卡，才能抵達對方的內心。但這個過程是値得的，也是必要的。因爲你們都在不斷成長爲更好的自己，你們的關係也在不斷進階。

世上沒有一個修煉比得上我們在親密關係中的修行。當我們致力於關係的力量，彼此之間產生親密連接時，就會發現生命再次變得有趣、刺激，不再是一潭死水。我們的伴侶可以成爲我們獲得樂趣與滋養的源泉，我們將享受眞實親密關係帶給我們的幸福。

PART

PART 4

婚姻中的大部分問題，都是溝通問題

4

爲什麼明明相愛，卻感受不到愛？

很多夫妻可能都有過這樣的感受：當兩個人從戀愛走入婚姻以後，時間長了，愛的感覺越來越少，甜蜜的時刻更是屈指可數，婚姻常態更多的是平淡無味，甚至是爭執不斷。

我們可能會發出疑問：爲什麼曾經那麼相愛的兩個人，走入婚姻後，「戀愛」的感覺會消失？再也感受不到對方的愛，是他變了還是自己變了？我們還能找回當初愛的感覺嗎？

朋友李丹和她的老公王亮曾是我們公認的恩愛夫妻。他們讀書時就在一起了，一路跌跌撞撞，經歷了三年異地戀，也分手過，但最終還是有情人終成眷屬，走入了婚姻的殿堂。他們堅信彼此就是對方的真愛，畢竟經歷了那麼多曲折也沒有走散。他們很珍惜這來之不易的幸福，把婚姻生活過得令人羡慕。

就是這樣令人羡慕的婚姻，沒想到短短兩年後也出現了問題。李丹跟我傾訴說，她覺得王亮變了，不再像以前那樣愛她、關心她，對她越來越冷淡，甚至不想和她待在一起。兩人總會因為一點小事就吵架，誰也不願意妥協，經常冷戰。

我問她：「那你覺得，你還愛他嗎？」她想了一會兒說：「應該還是愛的，就是不知道該如何和他相處，我覺得他可能不愛我了吧。」我繼續問她：「你為什麼覺得他不愛你了？是什麼事給了你這樣的感覺？」

她說：「戀愛時，他總喜歡黏著我，陪我做很多事，比如逛街、看電影、旅遊、散步等。那時，我能感覺到他對我滿滿的愛。可是，現在我們已經很久沒一起看過電影了，更別提做其他事了，他連好好坐在沙發上陪我聊一下天都做不到，整天都在忙著做自己的事。這讓我感覺自己好像對他沒有吸引力了，他都不肯花時間陪我。」李丹在說這些時都要哭了。我能看得出來，她真的很在乎王亮，她感覺很受傷。

在我的印象裡，王亮是一個很可靠的男人，對感情很專一。這才結婚短短兩年，不應該這麼快就變了。我繼續問李丹：「你說王亮平時不怎麼陪你，那他在家具體都在幹什麼呢？」

她說：「他工作很忙，在公司也算中階主管，需要管的事有很多，所以幾乎每天都會加班。而我也不想做飯，所以我們經常都是出去吃飯。吃完晚飯回家，他會打掃一下屋子，基本上就很晚了。週末，我們休息，他會在家做飯、拖地、洗衣服。我一直不習慣做家事，所以家事都是他做。做完家事，他會忙一會兒自己的工作或者看看書，也會出去跟他的球友們打籃球，反正就是沒時間陪我。」

聽完李丹的這番話，我大概知道他們的問題出在什麼地方了。我對李丹說：「也就是說，你覺得王亮陪你一起做某件事，關注你，全心全意跟你待在一起，你才會覺得他是愛你的，對嗎？」李丹點點頭。

我問她：「你有和王亮表達過你的感受嗎？或者讓他陪你去做某件事？」李丹說：「沒有，我覺得如果他愛我，應該會主動陪我，而不是我去要求他陪我。」

我繼續說：「可是，你有沒有想過，在你們戀愛時，你們還很年輕，也沒什麼生活壓力，所以有大把的時間可以待在一起，去做很多事。但是現在你們處在婚姻中，他需要考慮很多現實問題，他努力工作也許是為了讓你們有更好的未來，他包攬了幾乎所有家事也是因為他知道你不喜歡做家事，想讓你去做自己喜歡的事。他或許只是以他認為你可能需要的方式在愛著你呢？」我建議李丹回去跟王亮開誠布公地聊聊自己的想法和感受，看看王亮究竟是怎麼想的。

後來，李丹跟我說，多虧了我的建議和分析才讓她如夢初醒。她和王亮聊過，才明白自己一直以來多麼自私。她只想著自己需要什麼，從來沒有想過王亮需要什麼。

她希望王亮多陪陪自己，卻不知道王亮也並不喜歡做家事，只是因為心疼她，才包攬了所有家事，這是他表達愛的方式。王亮其實也希望李丹能承擔起部分家事，哪怕為他做頓飯，他就會覺得很幸福。他以為自己為李丹做了這麼多事，她會覺得很幸福。

很多夫妻都會遇到和李丹、王亮一樣的情況，以爲自己在很努力地表達對對方的愛，可對方卻根本感受不到。這其實是表達愛的方式出現了問題。

婚姻輔導專家蓋瑞・查普曼博士在《愛的五種語言》這本書中提出了「愛的五種語言」理論。他認為，每個人對於愛都有自己不同的理解，也有不同的表達方式。如果我們發現自己表達愛的方式與伴侶並不匹配，婚姻就會出現麻煩。他根據自己三十多年的婚姻輔導經驗，總結出了以下五種愛的語言。

・肯定的語言。包括讚美、表揚、言語支持，以及其他可以表達一個人有價值、值得欣賞的地方。使用這種愛的語言的人很容易因為侮辱和嘲笑，或者他們的努力沒有得到語言上的認可而受到傷害。

・精心的時刻。全心全意地陪著伴侶去做一些事情，而且在陪伴的時間裡全情投入，給予他足夠的關注。使用這種愛的語言的人需要你和他同在，隨時提供幫助。精神不集中和分心都會損害你們在一起的時間的「品質」，他們需要的是「高品質陪伴」，重點不在做這件事本身，而在於你要花時間關注對方的情感。

・接受禮物。那些喜歡接受禮物的人相信，禮物是愛的視覺象徵，送禮的心思代表了一切。對他們來說，禮物的意義不在貴不貴，能讓自己喜歡的就是最好的禮物。對於把接受禮物當作主要愛的語言的人來說，如果對方忽略了紀念某個重要事件，就是不在乎自己。

・服務的行動。使用這種愛的語言的人希望你能做他們想要你做的事。你可以藉著替他做事讓他開心，來表示你對他的愛，比如做家事，幫對方拿重物等等。服務的關鍵是知道哪些行為能夠得到伴侶的讚賞。

・身體的接觸。使用這種愛的語言的人喜歡身體上的接觸，如用手臂圍住對方的肩膀，緊握對方的手，輕摸臉頰，擁抱，摩擦頸部等。

很顯然，王亮和李丹使用的愛的語言並不一樣。王亮表達愛的語言是服務的行動，他覺得愛一個人，就是為她做很多事，為她服務。所以，他承擔了所有家事，以這種方式表達了對李丹的愛。但可惜的是，李丹使用的愛的語言並不是服務的行動，而是精心的時刻。她沒有得到王亮全心全意的陪伴，因此感受不到來自王亮的愛，反而覺得王亮不再愛她了。

她想要陪王亮一起做很多事，以為這就是在表達自己的愛。但王亮想要的卻是她為他服務的行動，哪怕只是做頓飯。但李丹從未為王亮做過飯，這讓王亮也感受不到來自李丹的愛。兩個人的愛情箱子已經空了很久，明明彼此相愛，卻都感受不到來自對方的愛。

心理學家多蘿西．田諾博士對戀愛現象做了長期的研究，從她對很多情侶的分析中發現，一段讓人神魂顛倒的浪漫戀情的平均壽命是兩年。也就是說，浪漫愛情終究會歸於平淡，尤其是走入婚姻後，人們會面臨很多現實問題，再好的感情都要經歷柴米油鹽的考驗。

如何才能在瑣碎的婚姻生活中，感受到來自對方的愛？了解和學習對方使用的愛的語言就變得非常重要，以對方需要的方式去愛對方，雙方都能愛得輕鬆。當你和伴侶的愛情箱子滿了，他在你的愛裡覺得安全時，可能也會回報你，你們的情感都得到回饋，整個婚姻情緒氛圍就會變得不一樣。

那麼，如何才能發現你們彼此的愛語呢？蓋瑞．查普曼博士在《愛的五種語言》中，也給出了三點建議。

第一，你的伴侶做什麼事或者不做什麼事，傷害你最深？與這件事相關的可能就是你的愛的語言。

比如，李丹覺得王亮不能全心全意陪伴她，讓她很受傷，她的愛的語言就是精心的時刻。

第二，你最常請求伴侶的是什麼?你最常請求的事，可能就是最能使你感覺到愛的事。

第三，你通常以什麼方式向你的伴侶表達愛?你表達愛的方式，也許能讓你感覺到愛。

既然你已經知道了如何發現自己的愛的語言，不妨首先把它們寫下來，按照重要性排序，看看你最需要的愛的語言是什麼。接著也寫下你認爲伴侶的愛的語言。然後，你們找個時間坐在一起，討論下你所猜想對方的愛的語言。最後，告知彼此，你們主要的愛的語言是什麼。

選擇以伴侶需要的方式去愛，才能讓他感受到愛。當你們在婚姻中的主要情感需求得到了滿足，你們之間愛的感覺就會一直持續下去。這不僅能治癒你們內心曾經的傷痛，還能提供給彼此足夠的安全感和信任感，讓你們更有力量和勇氣去面對婚姻中不可避免的衝突，更好地了解彼此，包容差異。

伴侶吵架，多是因爲權力鬥爭

前文提到過，每段親密關係幾乎都要經歷浪漫期、權力爭奪期、穩定期和承諾期，才能長久穩定下來。走入婚姻中的伴侶朝夕相處，開始看到對方身上的缺點，幾乎每個人都想透過改造對方來滿足自己的期望，爭奪自己在這段關係中的主控權。於是，就有了權力鬥爭，權力鬥爭的開始階段多是以夫妻之間互相攻擊吵架的方式表現出來。

我的一位讀者蘭蘭和她老公宋濤結婚十年了，一直處於無休無止的爭吵中，他們總是為了一些雞毛蒜皮的小事吵架。

蘭蘭對生活品質的要求比較高，她要求家裡一塵不染。如果家裡凌亂不堪，她會埋怨老公沒有及時打掃衛生。而在宋濤看來，家裡已經很整潔了，可是卻依舊達不到妻子的要求。他不理解，為什麼早上打掃過的房間，晚上下班回來還要打掃，也難以忍受來自妻子的指責。

蘭蘭很愛乾淨，甚至有點潔癖。當宋濤回到家中，沒有脫衣服就坐在沙發上或是將脫下來的衣服放在沙發上，蘭蘭都會無法忍受，她會指責宋濤邋遢，讓他將自己的衣服放在該放的地方。

蘭蘭經常會說「你離我遠一點」「好噁心」「好髒」之類的話，這讓宋濤覺得無論自己怎麼做都無法達到她的要求。面對這樣的嫌棄，宋濤也很生氣，他抱怨蘭蘭事多，總是打擊自己的自尊。類似這樣的吵架似乎沒有盡頭。

在餐桌上吃飯，蘭蘭希望兩個人能夠聊聊天；而宋濤卻經常看球賽，不想交流。蘭蘭便會很不耐煩地用命令的口吻告訴宋濤要戴上耳機，不要影響別人。宋濤當然不樂意，他會反駁蘭蘭看劇也從來不戴耳機。旅遊時，蘭蘭選擇住乾淨、高品質的星級酒店，自然價格較為昂貴；而宋濤則認為在哪裡都是睡覺，何必花那麼多錢。兩人經常因此爭執不休，誰也不願妥協。

蘭蘭找到我時，說他們的婚姻已經陷入了危機。以前兩個人還會因為這些瑣事爭執，至少還有交流，現在宋濤完全不想理她了，任她說什麼，他都無動於衷，把她當成透明人。

她越說他，他越是想逃離，甚至經常很晚才回家，早上又很早出去，避免和她在一起。她覺得，宋濤好像要離開自己了。自己還愛著宋濤，卻不知道該如何和他溝通。

其實，宋濤以冷漠的姿態對抗蘭蘭的攻擊，是憤怒的另一種表達方式——情緒抽離。他覺得蘭蘭的攻擊沒完沒了，自己已經不想再和她正面對抗了，多年來的吵架沒有任何效果，蘭蘭沒有任何改變。

於是，他選擇用沉默無聲來對抗。他要告訴蘭蘭，她的攻擊對他沒有任何作用，反而讓他很厭煩。他以一副冷冰冰的面孔無視蘭蘭的存在，想要暗示她：她對他一點都不重要，已經無法再傷害到他，也對他沒有任何影響。

無論兩人是吵架還是情緒抽離，其實都是在進行權力鬥爭。蘭蘭和宋濤這麼多年都沒有放棄過想要改變對方的念頭，他們都想要證明，自己才是對的。只有證明自己是對的，才能顯示自己的重要性。無法掌控大局，會讓自己充滿挫敗感，失去安全感。想要逃避內心的痛苦，憤怒是最直接的表達途徑。攻擊對方，讓自己站在對的一方，理直氣壯地指責對方，就能顯得自己好像掌控了大局。

但其實逃避內心潛在的痛苦，用憤怒的方式去掩飾自己的痛苦，即使痛苦被壓抑了，也不能解決實際問題。即使你進入下一段關係，這些潛在的痛苦還是會被觸發，還是會出現同樣的爭吵。

每個人進入一段親密關係，都會將過去的創傷一起帶入，很多時候人們的爭吵都是源自內心的創傷被激發出來。只有直面內心創傷，了解情緒背後的深層次原因，才能真正從根源上解決衝突，治癒自己，改善親密關係。

心理學上有個「限制性信念」的概念。「限制性信念」指的是一個人的信念系統中有很多信念其實是由某一特定經驗產生的，這個信念也許適用於曾經的某個情境，但在另一個情境中就不適用了。

可是，如果這個人的信念沒有隨著情境的改變而改變，就會給他帶來很多困擾。限制性信念一般是在我們童年時期形成的，而我們一生都在創造經歷去符合這些信念。所以，當你回顧往事時，你可能會發現你的人生經歷總是很相似。

回到蘭蘭和宋濤的問題上，蘭蘭從小家庭生活條件很好，父母都是很講究的人，對蘭蘭要求也很嚴格。比如，蘭蘭小時候刷牙要自己擠牙膏，擠完牙膏要蓋上牙膏蓋，如果忘了蓋，媽媽就會指責她；蘭蘭很小就被要求打掃家裡衛生，不能亂丟垃圾，玩具必須擺到指定的位置，如果她把家裡弄得很亂，媽媽就會沒收她的玩具，還會批評責罵她。父母平時上班很忙，很少陪伴蘭蘭，因此蘭蘭的很多需求都不被父母看見，她一直覺得自己好像是父母的負擔和累贅。

她帶著這樣的經歷進入了親密關係中。她會不自覺地以父母對待她的方式對待宋濤，因為童年缺乏父母的關愛，她便認為只有不斷要求宋濤滿足自己的期望，才能證明宋濤是愛自己的。

她企圖從宋濤身上彌補童年缺失的愛，希望時刻獲得宋濤的關注。她想要贏得親密關係中的主控權，不想再像童年時的自己那樣弱小無助。她覺得只有取得了親密關係中的控制權，才能填補內心的不安全感。

而宋濤從小家庭條件不太好，父母常年在外打工，根本無暇照顧他。他很少跟父母聊天，父母也很少關心他。他在學校被同學欺負，好不容易鼓起勇氣跟父親訴苦，父親也只是告訴他，要學會反擊，不要無能。父親是一個不講道理的人，宋濤很怕父親。

所以，他從小就很獨立，什麼事都喜歡藏在心裡，他覺得自己對父母來說，是可有可無的。這導致他在和蘭蘭的相處中，要嘛據理力爭不願妥協，要嘛選擇沉默逃避。

他覺得如果自己向蘭蘭妥協，就是無能的表現。他從蘭蘭那裡也很少得到關心，更多的是指責。所以，他潛意識裡也認為，自己對於蘭蘭也是可有可無的存在。他對抗蘭蘭，其實是在與自己潛意識中的父親抗爭。

顯然，宋濤和蘭蘭的親密關係被他們各自的限制性信念束縛住了。很多夫妻在婚姻中爭吵，大多是受到限制性信念的影響。一旦婚姻出現某種問題，就會不自覺地與過去某種經驗聯繫起來，被限制性信念左右自己的言語和行為。

潛意識裡的限制性信念歪曲了我們的思想、感受、認知和行為，以及我們在親密關係中的選擇。它控制著我們如何與伴侶相處，決定了是什麼引發了我們的爭吵和矛盾。

一旦認識到自己的限制性信念是如何形成的，你就更容易發現爭吵的本質是什麼。你要知道，雖然你對過去已經發生的事無能為力，但現在你可以做很多。

沒有人的童年是完美的，每個人或多或少都會有缺憾，都會經歷創傷。作為一個成年人，你需要在親密關係中了解自己的內心創傷是什麼，然後去接納它，與它和解，讓自己真正成長起來。你可以嘗試以下幾種做法。

1. 展示你的脆弱，說出你的真實需求

再拿蘭蘭和宋濤來說，我給蘭蘭分析了她的童年經歷對親密關係的影響。讓她下次對宋濤有不滿時，不要一開頭就指責他，要多去描述自己的感受，說清楚自己的需求是什麼。

比如，她希望宋濤多陪她聊聊天，她可以說：「你總是自己看球賽，不和我聊天，讓我覺得球賽比

我更重要，我覺得很受傷，我希望你能多關注我，這樣我才能感覺到你愛我。」相信宋濤聽到這樣的話，一定會被觸動，會更加了解蘭蘭的內心需求。

當你們不再把爭吵看作一個問題，而是學會挖掘潛意識層面的眞實需求，爭吵便成了一扇通往自我認識、深層理解和更親密關係的大門。你和你的伴侶將會化解爭吵，更好地理解彼此，變得更有同理心，收穫更多親密。

2. 打破舊信念，開啓新信念

既然你已經知道了，在爭吵中，你會被舊的限制性信念影響自己的判斷力和感受力，你就要有意識地覺察自己當下被什麼樣的舊信念影響並記錄下來。你要學會爲自己的感受負責，你的憤怒並不是因爲伴侶做了什麼事，而是這件事激發了你內心舊的傷痛，你是在爲自己的無能爲力而感到憤怒。要知道，這件事已經過去了，你不能再讓自己困在其中。

比如蘭蘭，她覺得只有宋濤對她保持足夠的關注，才是愛她的表現，一旦宋濤忽視她或者反抗她，就是不愛她。這都是她在用舊信念對宋濤的行爲進行詮釋，並不是宋濤的本意。她需要建立新信念來詮釋這種行爲，她可以這樣想：宋濤只是累了，需要看球賽緩解一下自己疲憊的情緒，並不是不在乎自己。

只有打破舊信念的束縛，嘗試用新信念建構你的思維方式，才能解開你的心結，治癒你的內心創傷，擁抱全新的自己。同時，你們的溝通模式也會因此改變，迎來更良性的互動和更親密的關係。

婚姻中的衝突並不可怕

在婚姻中，很多人都害怕面對衝突，覺得發生衝突太傷感情，於是他們總是選擇迴避衝突，營造一片和諧的假象。他們認爲，只要避免衝突，婚姻關係就能得到改善。可是，事實眞是這樣嗎？

在我所接觸的情感案例中，恰恰有些伴侶衝突不斷，卻婚姻關係穩固，感情越來越深；而有些伴侶雖然表面看上去沒有什麼衝突，也很少爭吵，但一旦衝突爆發，就會造成無法挽回的結果，婚姻關係就此破裂。因此，並不是說婚姻中衝突越少，婚姻關係就越幸福。衝突的多少，並不能直接反映婚姻關係的品質。

社會心理學家詹姆斯．麥克拉爾蒂發現，憤怒而誠實的溝通所帶來的短暫不適感，反而有益於感情的長期穩定。你會發現，親密關係比你想像中更強大，它能承受住爭吵這個炸藥桶的考驗。

更重要的是，這些激烈的交流能激發你的洞察力和理解力，有助於促進你們深化關係。還有研究表明，伴侶關係中早期發生的爭吵，能幫助人們清除一些可能破壞長期關係的隱患。

約翰．戈特曼教授研究了六百五十對夫妻，在跟蹤他們的婚姻發展長達十四年後，發現伴侶在交往早期的爭吵中經歷的暫時性痛苦，從長遠來看對他們的關係是有益的。交往初期和平相處的那些伴侶，雖然在剛開始時表示自己比爭吵的伴侶更幸福，但當研究者三年後回訪時，他們卻更有可能已經分手或處於分手邊緣。而交往初期發生爭吵，但解決了問題的伴侶則更有可能保持穩定的關係。

在《幸福的婚姻》一書中，約翰．戈特曼的研究對像中有這樣一對夫妻——蓓兒和查理。他們結婚四十五年後，蓓兒告訴查理，她寧願他們當初不要孩子。蓓兒的話激怒了查理，隨之而來的是一場爭論。他們直接開門見山地表明了自己的觀點。

查理：「如果我支持你不生孩子，你以為你會過得更好嗎？」蓓兒：「生孩子對我來說是一種侮辱，查理。」

查理：「不。等一下。」

蓓兒：「把我降低到這樣一個水準。」查理：「我不是降……」

蓓兒：「我想和你一起享受生活，而不是做苦工。」

查理：「稍等，現在停一分鐘。我不認為問題是不生孩子這麼簡單，我認為這裡有許多被你忽視的生物學上的因素。」

蓓兒：「你看，所有美妙的婚姻都沒有孩子。」查理：「誰？」

蓓兒：「溫莎公爵夫婦。」查理：「拜託！」

蓓兒：「他是國王！他娶了一個自己深愛的女人，他們有一段無比幸福的婚姻。」

查理：「我不認為這是一個恰當的例子。首先，她已經四十歲了，這是差別所在。」

蓓兒：「她沒有孩子，而且他愛上她不是因為她打算要生孩子。」查理：「但事實是，我們生孩子確實是基於一種生理上的衝動。」蓓兒：「你認為我受生理的控制，這是在侮辱我。」

查理：「這是事實！」

蓓兒：「反正我們本可以舉辦一個沒有孩子的舞會。」查理：「現在我們可以舉辦一個有孩子的舞會。」

蓓兒：「我沒想要舉辦這種舞會。」

約翰．戈特曼寫道，四十五年來，蓓兒和查理一直過得很幸福，兩人都對他們的婚姻非常滿意並且深愛著對方。這麼多年，他們一直有類似的爭吵，但是他們的爭吵並不以生氣而告終，他們會繼續討論為什麼蓓兒會這樣看待母親的身分。蓓兒最惋惜的是她沒有太多時間陪伴查理，她希望自己並非總是這麼暴躁和疲憊。當他們在解決這個問題時，流露出的是愛與歡笑。蓓兒這麼說的根本原因，是她太愛查理，她希望她能有更多的時間和查理在一起。

從戈特曼的研究案例來看，婚姻中的爭吵並不都會破壞夫妻感情，如果兩人能透過爭吵發現對方內心潛在的渴望，反而會因此更加了解對方，兩人的感情會更加親密。查理透過這次爭吵發現蓓兒喜歡和他在一起，渴望更多的親密相處，這讓查理感覺到了蓓兒對自己深深的愛。

查理能發現蓓兒內心深處的渴望，在於他一直在和蓓兒積極互動，聽到蓓兒說她寧願當初自己不要孩子，他反問蓓兒，覺得不生孩子會過得更好嗎。他一直在試圖引導蓓兒說出自己內心的眞實想法，然後眞誠地表達自己的觀點，積極討論這個問題。而不是帶有敵對情緒，一味地反對蓓兒或者以其他傷害蓓兒的方式溝通，這才使得蓓兒一步步表達出了內心最想說出的話。這樣的爭吵風格，對他們婚姻的發展產生了促進作用。

實際上，不同夫妻的衝突風格截然不同。有些夫妻會不惜任何代價避免爭吵，有些夫妻會經常爭吵，還有些夫妻能詳細討論他們的分歧並在無須大聲爭吵的情況下找到折衷的辦法。

沒有哪一種衝突風格必然比另一種好，只要這種風格能對兩個人起作用。如果夫妻中的一方總是想把衝突講個明白，而另一方只想做別的事以迴避衝突，他們就會遇到麻煩。

婚姻中的衝突通常是不可避免的，畢竟我們每個人都帶著不同的性格和個人經歷進入婚姻，我們有不同的期望，處理問題的不同方式。既然衝突不可避免，那我們就什麼都不用做嗎？那肯定不行，因爲你會發現有些爭吵對婚姻關係的破壞性很大，甚至直接導致婚姻關係的破裂。

約翰．戈特曼進行過一項關於最具破壞性的衝突模式的研究，你可以透過這種研究找到一種方式來評估你們的破壞性衝突行爲。這項研究結果也被寫在了《幸福的婚姻》這本書中，並且被他稱爲「末日四騎士」，即批評、鄙視、辯護以及冷戰。這些溝通模式的出現，預示著一段關係行將結束。

・騎士一：批評。有些人會針對伴侶的人格進行攻擊。比如，你出門時，讓伴侶打掃一下家裡。他嘴上答應了，可是等你回來，發現他根本沒有打掃。你如果只是說：「你答應了我打掃卻沒做，我眞的很生氣。」這是抱怨。而如果你說：「你爲什麼總是這麼健忘，答應我的事總是做不到，你就是對我不用心。」這就是批評。抱怨針對的是某個具體行爲，而批評則是指責對方並傷及人格。

・騎士二：鄙視。鄙視騎士通常緊跟著批評騎士而來。接著上面那個例子來分析，如果你接著說：「你對任何事都這麼沒有責任心，不守信用，所以你才一事無成。」或者你說：「你是不是覺得自己很了不起，在家什麼事都不用做，我應該要好好伺候你？」這些話都是在鄙視對方，挖苦、冷嘲熱諷、罵人、翻白眼、譏笑和不友善的幽默都是鄙視的方式，表達了自己對對方的厭惡之情。如果你長期積累對伴侶的負面看法，會讓鄙視一觸即發。

・騎士三：辯護。當伴侶聽到你全面的批評甚至是鄙視時，也會為自己辯護。他可能會說：「我一直在忙，忙得忘記打掃，這不是很正常嗎？我難道不經常打掃嗎？你不是也有忘記做某件事的時候嗎？」辯護實際上是一個人為了保護自己而啓動的防禦機制，人們會藉由否認自己的責任，或者反戈一擊的方式來回應對方的批評。

・騎士四：冷戰。如果夫妻間的溝通總是充滿著批評和鄙視，導致一方不得不為自己辯護，而這又引發了更多的鄙視和辯護，最終夫妻中的一方對此置之不理，成為冷戰者。一個冷戰者會迴避所有與伴侶的溝通，無論伴侶說什麼，他都看起來毫不在乎，好像根本不關心伴侶說了些什麼。

如果夫妻雙方的爭吵發展到冷戰這一步，說明他們已經無法抵擋前三位騎士所帶來的消極情緒，兩人已經處在消極漩渦裡很長時間，並且被消極情緒淹沒了。

「情緒淹沒」意味著伴侶的消極情緒，無論是批評、鄙視還是辯護，突然爆發且勢不可當，讓你覺得自己不堪一擊。你所能想到的就是保護自己免受對方的猛烈攻擊，於是你會從情感上疏遠對方，你們不再有任何情感上的交流，關係越來越遠直至破裂。因此，一樁婚姻的破裂是可以預見的，不幸的婚姻中，夫妻爭論期間總是會出現「末日四騎士」並帶來頻繁的情緒淹沒感。

我們無法避免婚姻中的衝突，卻可以想辦法避免破壞性的衝突模式，盡量減少或者避免「末日四騎士」的溝通模式。戈特曼的研究給我們提供了一個很好的指導，幸福的伴侶在出現分歧和爭吵時，積極與消極互動的比例是五比一，而在最終離異的夫婦中，這一比例爲〇．八比一，即小於一。還有一些感情非常穩固的伴侶，即便在爭吵時，他們積極與消極互動的比例也能達到二十比一。因此，在面臨不可避免的衝突時，你可以嘗試以下幾種做法。

1. 以溫和的方式開始

破壞性衝突模式多是以苛刻的方式開始的，你以什麼樣的方式開始溝通，通常也會以什麼樣的方式結束溝通。一旦你的溝通以苛刻的方式開始，「末日四騎士」常常會輪番出現，雙方都會陷入消極情緒，啓動防禦機制，很難心平氣和地交流，衝突很容易升級。

約翰．戈特曼認爲，你可以根據一段十五分鐘對話的前三分鐘預測整場談話的結果，這個預測的準確率高達九十六％。僅僅是一個苛刻的開始就注定了整場談話的失敗。相反，如果你以溫和的方式開始討論，不會一上來就指責批評伴侶，而是明確地表達你的觀點，那麼，你們接下來的討論才有可能是有效的。

2. 多進行積極的創造性互動

婚姻問題研究專家蘇・約翰遜指出創造性互動的三個關鍵因素——易於接近、積極回應和情感投入。也就是說，夫妻在溝通中，要做到開放包容、投入情感並能積極給予對方回應。當對方的意見與你不一致時，不要急於否定對方，你可以聽聽對方眞實的內心想法，學會包容兩人的差異，同時也充分、負責地表達出自己的眞實想法和渴望，給對方深入了解你的機會，歡迎對方的靠近。

當你們的爭吵目的是在爭取內心渴望的某種東西時，也就有了明確的目標，而不是漫無目的地發洩情緒，這是在衝突中實現雙贏的關鍵。只有抱著眞誠、合作、負責的態度面對衝突，全身心投入情感互動中，你們才能觸碰到彼此內心的深度渴望，更加深入理解彼此，建立更強的親密感。

3. 分享權力，允許伴侶影響你

前文寫過，夫妻吵架多是因爲權力鬥爭。男人們往往更在乎自己在婚姻中的權力地位，尤其是那些有大男子主義的男人，他們覺得自己在婚姻中的權力不可動搖，如果輕易被妻子影響，就意味著失去了關係的主控權。

約翰・戈特曼在《幸福的婚姻》一書中寫過，他在對一百三十對新婚夫婦的長時間的研究中，發現與那些抗拒妻子影響的男人相比，接受伴侶影響的男人擁有更幸福的婚姻，他們離婚的可能性更小。當男人不願意同他的伴侶分享權力時，他的婚姻破裂的可能性高達八十一%。

比如，如果妻子說「你不聽我的」，丈夫要嘛冷戰（無視妻子說的話），要嘛爲自己辯護（「我聽了」），要嘛批評妻子（「我不聽你的，是因為你說的都是廢話」），要嘛鄙視妻子（「為什麼浪費我的時間？」）。利用某個「末日四騎士」讓衝突升級是男人抗拒妻子影響的標誌。

丈夫寧願摧毀妻子的觀點，也不願注意她的感受，這種方法就會導致婚姻的不穩定。與那些丈夫不反對妻子對自己施加影響的婚姻相比，丈夫不願同妻子分享權力的婚姻早晚會終結，不幸福的可能性是前者的四倍。

因此，你需要與伴侶分享權力，願意為某些事妥協，承認對方的某些想法或許更好，更能解決問題，願意從對方身上學習長處，欣賞對方的優勢和價值，接受對方對你的影響，共同決策，而不是一味透過自己的方式維護自己的權力和地位。你們能夠明確彼此的相對優勢，為了婚姻的共同目標一起努力，將會體驗到更多的愛意和滿足感，你們的婚姻也將更加融洽。

不要害怕婚姻中的衝突，只要我們以正確的方式處理衝突，避免破壞性衝突方式，衝突也能成為改善我們親密關係的契機。

應對衝突的四類夫妻，你屬於哪一種？

在婚姻中，衝突是不可避免的，不同的衝突模式對親密關係的影響不同，所對應的結局也會不同。有些衝突會促進親密關係的發展，有些衝突卻給親密關係帶來致命性的打擊。

衝突到底是能促進還是破壞伴侶的滿意程度取決於衝突進行的方式。所以，我們有必要了解，伴侶之間的衝突模式到底屬於哪一種，才能避免親密關係進一步惡化。

約翰・戈特曼在《親密關係》一書中提到，他曾花費數年考察夫妻的衝突。他邀請很多對夫妻討論持續存在的爭議，隨後仔細研究了他們互動的錄影。根據研究結果，他發現夫妻在應對衝突時會有四種不同的類型。

第一種，多變型。這個類型的夫妻會發生頻繁、激烈的爭論，他們投身於火熱的辯論，努力說服和影響彼此，他們常常表現出很強烈的負面情緒，但他們能充分運用智慧和眞愛來緩和憤怒。

第二種，確認型。這個類型的夫妻會更有禮貌，他們往往比多變型的夫妻更鎭定，在解決衝突的過程中更像合作者而非對手。他們的討論或許會變得很激烈，但他們常常透過表達同理心、理解對方的觀點來彼此確認。

第三種，逃避型。與多變型和確認型的夫妻相反，逃避型的夫妻很少爭吵，他們迴避正面對抗，如果他們眞要討論兩人間的衝突也會非常溫和謹愼。逃避型夫妻不會與伴侶討論衝突，他們常常試圖靠自己的力量解決衝突或者靜觀其變，希望時間的流逝有助於問題的解決。

第四種，敵對型。這個類型的夫妻不能維持友善行爲與惡意行爲五比一的比例。前文說過，幸福的伴侶在出現分歧和爭吵時，積極與消極互動的比例是五比一，這是親密關係能夠接納的最低獎賞—代價比例。而敵對型夫妻的討論充斥著批評、蔑視、防衛和退避，討論的時間越長，他們就會變得越壓抑。

有些敵對型夫妻會主動處理他們的分歧，但效果很差，另一些敵對型夫妻則會保持更超然、更置身事外的姿態，但在短暫的衝突出現時也會彼此誹謗中傷。但無論他們是否主動爭吵，敵對型夫妻彼此都會惡意相待，這與其他三種夫妻完全不一樣，這也是爲什麼他們的衝突對親密關係的危害更大。約翰・戈特曼斷言前三類夫妻都能持續親密關係，因爲他們的衝突解決保持了很高的獎賞—代價比例。伴侶們可以吵翻天或者根本不吵架，這都無損於他們的親密關係。

這讓我想起了自己面對衝突時的反應。我和王先生也會經常起衝突，畢竟我們也無法在所有方面都達成一致，我們會因為一些生活上的瑣事起爭執。比如，有時候孩子太貪玩，該睡覺的時間不睡覺，該吃飯的時候不吃飯，各種找麻煩，就喜歡跟大人作對。我有時會因為急於要做自己的事，對孩子沒有耐心，甚至會控制不住對他發脾氣。王先生就會對我不滿，認為孩子還這麼小，才不到兩歲，你能指望他可以很好地自我控制嗎？他認為我作為一個媽媽，不該如此粗暴地對待自己的孩子。

聽他這麼說，我雖然覺得有道理，但是情感上無法接受，畢竟我只是暫時沒控制住自己的脾氣，我也是很愛孩子的。我辛苦帶孩子還要工作，為什麼就不能體諒下我的辛苦和難處？我對孩子發脾氣，他就只會指責我嗎？我每次發完脾氣，自己也很後悔，還要面對他的指責，這讓我覺得自己很委屈。於是，我會忍不住與他起爭執，甚至會有很激烈的爭辯。

可無論我們如何激烈地爭辯，也絕不會上升到人身攻擊或者蔑視、敵視對方的地步。畢竟，我們知道彼此都是很愛孩子的，都在為這個家努力。在爭執中，我的表現偏向多變型，當我們的爭論進入白熱化狀態時，為了緩和氣氛，我會說：「我知道你很愛孩子，對孩子一向耐心十足，你怕我的粗暴會對孩子造成不好的影響，我承認這點我做得沒你好，但這不代表我對孩子的愛比你少，偶爾控制不住發脾氣是每個媽媽都會經歷的，我希望你能對我多點包容，我以後也會盡最大努力控制自己。」

而他的表現更傾向於確認型，他會說：「如果我的話讓你覺得受傷，我很抱歉。我知道你很愛孩子，也很辛苦，只是我必須得提醒你，你的言行可能會對孩子造成不利影響，我們是婚姻的夥伴，有責任彼此提醒，幫助對方成為更好的自己。我的措辭可能讓你覺得不舒服，但這確實都是為了我們好，我以後會注意自己的說話方式。」如此一來，我們的爭執會在彼此的同理心和理解中順利化解。

心理學上有個「感情修復嘗試」理論，也就是說，夫妻雙方會透過一些語言或行動來防止消極情緒升級，不讓場面失去控制。感情修復嘗試是聰明的夫妻經常使用的祕密武器，雖然很多夫妻並未意識到他們所做的事竟然有這麼大的威力，但夫妻間感情修復嘗試的成功與否是衡量他們婚姻美滿或失敗的一個首要因素。

就像我和王先生的情況，當我們感覺爭論快要失去控制時，通常會有一方開始嘗試進行感情修復來緩和氣氛。大部分時候是王先生先這樣做，當我看到王先生有所讓步和妥協時，我肯定就能感覺到他在試圖親近我，我會很快接住他的修復嘗試，態度也會很快緩和下來。如此一來，我們就不會走入敵對狀態，親密關係也不會因此受損破裂。

但敵對型夫妻很難做到感情修復嘗試。同樣是發生上面的爭執，男方會直接對女方進行人身攻擊：「你就是個很差勁的媽媽，你是個不合格的媽媽。」女方當然也不甘示弱，也會開始攻擊：「你以為你就很了不起嗎？你為孩子付出過什麼？每天就知道工作，我也沒看你賺了多少錢，你管過孩子嗎？你就是個假爸爸，孩子有你這個爸爸就跟沒有一樣的。」雙方你一言我一語，誰都不願妥協，把對方貶得一無是處。他們始終都在惡語相向，中傷對方，似乎把對方當成了敵人，早已忘了彼此是婚姻的合作夥伴。

羅蘭・米勒在《親密關係》一書中寫道：「對於二千對已婚夫妻的大型調查發現，二十四%的夫妻至少有一方會面臨敵對型衝突，不出所料，這些夫妻比其他夫妻對婚姻更不滿意，存在更多的問題。最普遍的婚姻模式，大概占二十五%，夫妻雙方都是確認型，他們是這群夫妻中最滿意的。實際上，確認型夫妻冷靜、尊重和富有同理心的處事方式總是具有優勢。」

一位確認者結合另一位多變者或逃避者，也很幸福。而夫妻雙方都爲逃避者占二%，都爲多變者占五%，這兩種情況比較罕見。所以約翰．戈特曼的分析相當正確。激烈的爭吵未必會損害親密關係，尤其在爭吵時保持一定程度的同理心和尊重的情況下。不必恐懼激烈的爭吵，只要其中包含對伴侶的關心。但任何情況下都不能讓爭吵變得刻薄、諷刺和粗暴。衝突只要變得惡毒和刻薄，就具有腐蝕性。

如果我們知道了自己是什麼類型的衝突風格，能夠改變當下的風格嗎？《親密關係》中描述了一項跟蹤研究發現，大多數人在兩年的時間裡都保持著同樣的衝突風格；約一半伴侶的爭鬥方式具有建設性，採用很多確認方法和正面情感；四分之一伴侶的爭鬥方式比較拙劣，整整二十四個月雙方都在敵意和刻薄的異議中煎熬。

顯然，一旦你和伴侶建立了一種處理衝突的風格，它就可能持續下去。不過，約有二十%具有破壞性爭鬥的夫妻在研究期間改變了他們的風格，脾氣變得不再那麼壞，對他們的親密關係也更爲滿意。

所以，如果你正對你們夫妻間的衝突感到苦惱，你也可以進行改變。約翰．戈特曼提出了三個「不要」建議，你不妨試一試。

1. 不要退避

當你的伴侶試圖溝通時，你不能爲了避免衝突就選擇退避。逃避衝突不能解決任何問題，只能讓問題懸而未決。因爲你雖然暫時退避了，但是同樣的問題會重複上演，你不能一直退避下去，問題不去解決溝通，只會越演越烈。如果你當下沒有時間或者情緒不佳，你可以請求對方重新安排更方便的時間來討論衝突，同時，你要記得自己有責任履行約定。

這點，我和王先生就有約定，盡量不要把衝突留到第二天，有什麼問題就及時溝通，坦誠表達出自己的看法。如果兩個人當時都在氣頭上，就各自冷靜一個小時再來繼續討論。總之，一定會有一個人選擇讓步，盡量能夠在當天達成某種共識，解決眼下的衝突。

2. 不要消極

遏制你的譏諷、輕視，丟棄你的厭惡。粗魯、暴躁和刻薄的行爲對你的親密關係具有很強的侵蝕作用，因爲壞的語言總是比好的更有力量。

當你對伴侶惡語相向一次，出現「末日四騎士」中的任何一種，你的攻擊會對他造成很大的傷害，他會一直記在心上。根據前文提到的友善行爲與惡意行爲五比一的比例，你需要付出超過五倍的好才有可能彌補這一次的傷害。如果你們惡語相向的次數越來越多，你們之間的感情也就越來越岌岌可危。

所以，你一定要學會自我控制，控制自己的消極情緒，給自己積極的心理暗示：你們是一體的，是婚姻合夥人，而不是彼此的對手，互相攻擊沒有贏家，只能兩敗俱傷。

你可以換一種思維，思考一下你爲什麼會如此憤怒。重新思考憤怒的事件能夠抑制你當下的憤怒，你在掌控憤怒上越努力，你就越有可能變得寬容、靈活，也就越可能避免破壞性衝突。

3. 不要陷入負面情感相互作用的怪圈

這一點非常重要。當你意識到你快要被消極情緒淹沒，你和你的伴侶正在你來我往地破口大罵，請馬上停止無意義的爭論。這時候，你們雙方已經徹底失去了理智，都在以最惡毒的方式攻擊對方，只想勝過對方，讓對方妥協。然而，雙方很難妥協讓步，爭執越久，憤怒越強，傷害越大，最終形成惡性循環。你們需要離開當下的場景，休息十分鐘，讓自己的情緒平復下來，做好準備，再返回你的討論，並爲上次的過激言辭道歉。

避開脾氣暴躁、態度惡劣的衝突還有一個非常好的方法，那就是運用婚姻問題專家傳授的技術來建設性地處理衝突。《親密關係》一書中提到了「說話者—聽話者技術」可以幫助夫妻們針對有爭議性的議題進行平靜、清楚的溝通，促使人們主動傾聽對方，即使存在分歧也能增加彼此的理解。

要使用這一技術，伴侶們可以指定一個小物體作爲發言權的標誌，誰得到發言權，誰就是說話者。伴侶們的任務是使用「第一人稱陳述」來簡明扼要地描述自己的情感。聽話者的任務是不要打斷、仔細傾聽，然後複述說話者的訊息。

當說話者對聽話者理解自己的情感感到滿意時交換發言權，轉換角色。這一耐心的模式使伴侶們有機會表露他們關注的問題和對彼此情感的尊重而不會陷入自我辯解、猜測、打斷和防衛的惡性循環。

如果你努力遵循這些建議，就有可能很好地處理衝突。剛開始這可能會很難，因爲這需要你們打破固有的溝通模式，重建新的溝通模式。這需要你們的共同努力、彼此自律和對伴侶眞正的關愛，但正面結果是值得努力的。

衝突並不是可怕的問題，而是具有挑戰性的機遇，是理解自己和伴侶的機會，也是讓你們的親密關係變得更滿意、更親密的契機。當你們突破重重障礙，從根本上改善了你們的溝通技能，你會發現一切的付出都是值得的，畢竟幸福持久的親密關係都是你們想要的結果，不是嗎？

婚姻中的冷暴力是一種精神虐待

心理學家劉喆博士，曾經在中國四座城市的兩千多個家庭中進行調查，發現有七十%以上的家庭都有過不同程度的冷暴力。也就是說，在現代婚姻生活中，大部分人都經受過親密關係裡的冷暴力。

讀者林青在給我的一封來信中詳細訴說了丈夫秦川對她進行冷暴力的過程。結婚前，林青想找個脾氣好、能哄自己開心的男朋友，想著將來結婚了，吵架的頻率會相對低一些。

當時，林青有兩個追求者，秦川是其中一個。林青在兩個追求者之間猶豫了很久，不知道該選擇誰。秦川追了林青一年多的時間，兩人才最終確定關係。

林青愛看文學書，秦川就把家裡、朋友手裡能搜刮到的好書都送給了林青。林青性格溫柔，很少發脾氣，就算偶爾發脾氣，秦川也從來不和她計較。戀愛一年多，兩人從未吵過架。林青加班時，秦川再忙也會抽時間接她下班，兩人一起吃飯，聊著瑣碎的家常。林青覺得眼前的男人就是她情感的依靠，心靈的港灣。

他們毫不猶豫地結婚了，蜜月旅行也甜甜蜜蜜，林青憧憬著未來生活的種種美好。只是婚後沒多久，林青發現秦川好像變了個人，完全不是戀愛時的模樣。

秦川不會做飯，每天下班都是林青來做飯。她想著男人不會做飯也屬正常，那陪在一旁說說話，這枯燥的家事也就有了生趣。偏偏秦川不肯，下了班就坐在電腦前打遊戲，好像家裡只有他一個人似的。

面對林青的抗議，秦川說：「我一個人習慣了，我爸媽都不管我，你得給我時間適應！」「結婚就是兩個人過日子，這點你都不清楚嗎？當初談戀愛時你不這樣啊！」林青說。「談戀愛不是得還就女朋友嗎？這都結婚了，就別那麼累了，你不要太矯情了。隊友喊我，不說了！」秦川扔下這句話就又跑去打遊戲了。

林青感覺自己掉進了一個冰冷的黑洞裡，眼前的這個男人看起來有點陌生。她想著：「好，給他時間，不是說婚姻有磨合期嗎，那就看看彼此到底能不能適應這段婚姻吧。」

就這樣，林青每天上班工作，下班做家事，而秦川除了上班，大部分時間都在打遊戲。林青想和他聊點什麼，他都沒什麼興致，經常是敷衍了事。這讓林青時常會產生自我懷疑，是不是自己做得不夠好，才導致秦川對自己如此冷淡。

更讓林青感到不可思議的是，她一直以為秦川是個積極向上、心態好的人，可事實上他很自卑，也很功利，總怕別人看不起他。一年後，秦川私自決定投資某個項目，拿走了家裡的大部分儲蓄。

林青氣得大聲斥責：「我們剛結婚沒什麼積蓄，哪有閒錢搞投資，你都不和我商量，太過分了！」

秦川說：「就知道你不會同意，我自己幹，和你沒關係！」「我們是夫妻，怎麼沒關係，關係大了！你太自私了，錢都拿走了，這日子怎麼過！」

秦川任憑林青怎麼吵鬧，都保持沉默。這讓林青覺得更受傷，她感覺自己就像個局外人，一點都不被尊重。

林青氣得跑到婆家訴苦討說法，公婆給了林青公道，項目投資算他們的，小倆口的錢拿回來了。她滿心歡喜，以為自己贏了，丈夫一定會向她道歉。沒想到，秦川自此對她更是愛搭不理，幾乎不再和她說話了。

林青痛苦極了，無論她怎麼主動與秦川溝通，甚至向他示好，希望能緩和彼此之間的關係，他都是冰冷著一張臉，毫無回應，軟硬不吃，還搬到客房去睡了。林青感覺自己在家裡完全成了一個透明人，秦川根本無視她的存在。

林青不知道自己的婚姻到底是怎麼了，她也想不明白為什麼秦川會是這個樣子。她寧願秦川跟自己大吵一架，也好過整天對著一個木頭人。

一年後，林青實在無法忍受秦川的種種冷漠行為，於是和他協議離婚了。家人和朋友一片唏噓，他們覺得林青是自作自受，好好的婚姻就這麼被她折騰完了。

林青清楚地記得，辦完離婚手續那天，她最後一次問秦川：「這都離婚了，你可以告訴我為什麼不和我說話嗎？」

秦川說：「你做錯了什麼，你自己應該知道。你總是自以為是，沒人能受得了你。」

直到最後，秦川還是拒絕和林青直接溝通，這讓林青更加懷疑自己是不是真的做錯了。

其實，林青不知道她一直處於丈夫秦川的冷暴力中。瑪麗・弗朗斯・伊里戈楊在《冷暴力》一書中寫道：「冷暴力是一種精神虐待，它的手法十分細膩，不著痕跡，會經歷數月甚至數年的醞釀。」這種過程始於不尊重他人、說謊或單純的操控行爲，我們只有深受其害才會發現難以忍受。冷暴力行爲甚至會對受虐者的心理健康造成嚴重威脅，很多受虐者不確定能否獲得他人理解，所以只能默默忍受。

很多遭受冷暴力的人並沒有意識到自己所遭受的傷害。《中國區域性婦女受暴力侵犯研究報告》對四千名受訪者的調查數據顯示，只有三成人認同「對妻子視若無睹」是一種家庭暴力。受傷者常常會認爲：「每戶人家裡肯定都有這樣的事，過日子不就是這樣嗎？」她們不想被人認爲「矯情」「做作」「小題大作」。

相比身體暴力，冷暴力往往更隱蔽，不會引起重視。許多人爲此飽受壓力和煎熬，情緒被對方牽制，經常要到了關係結束之後才能意識到自己遭受了冷暴力。可以說，冷暴力是對一個人精神的凌遲。

冷暴力基本上是一種單向溝通模式，一方想要拉近關係，要嘛不斷示好，要嘛反抗爭吵，目的都是想和對方溝通，了解對方的想法。可偏偏另一方就是軟硬不吃，拒絕直接溝通，根本不願意討論任何事，總是採取迴避的態度。施虐者不會承認兩人之間有問題，也就更不會用溝通來尋求解決問題的辦法。他要以沉默的方式讓對方感覺自己有錯，默默地把過錯加諸對方。

約翰・戈特曼發現，夫妻缺乏積極的互動，處於冷暴力狀態的婚姻關係走向解體的可能性會增加一倍以上。

在秦川和林青的關係中，秦川一直拒絕和林青溝通，當林青質問他的時候，他只是說結婚了，不想那麼累，是林青太矯情了。他不覺得他們之間有什麼問題，問題都是林青的，這讓林青開始自我懷疑。

後來，秦川拿著他們所有的積蓄進行投資，也沒和林青商量，讓林青覺得自己完全被忽視了，開始尋求公婆的幫助。這時，冷暴力繼續升級，他已經完全不在乎林青的感受。

歸根結柢，這些表現都表明了冷暴力的一個核心特點——被動攻擊。被動攻擊是用消極的、不明顯的方式發洩憤怒的情緒，以此來攻擊伴侶。他可能心裡已經積有不滿，卻不會對你表達，暗地裡則不作為、不合作。

回到故事的開始，為什麼秦川要對林青實施冷暴力呢？冷暴力到底是出於什麼樣的心理？我們可以看到，秦川追了林青很久，林青一直在兩個追求者之間猶豫，最終才和秦川確定關係。從追求林青到和林青談戀愛的過程，秦川一直對林青很好，因為他覺得這段關係有很大的不確定性，所以一直遷就林青，希望兩人能夠確定關係。

他以為只要兩人結婚了就一勞永逸了，自己不需要再去遷就對方。可沒想到，林青一直還活在戀愛的甜蜜中，她希望秦川還能如戀愛時那樣對她呵護備至。林青並不是他所認為的那麼溫順，對他還有諸多要求。他為了取得關係的絕對掌控權，掌控林青，就開始對她實施冷暴力，企圖透過保持安全距離的方式讓林青聽話。

《冷暴力》一書中也寫道：「掌控欲是實施冷暴力的重要原因之一。冷暴力的施虐方總是令伴侶處於陰晴不定、無所適從的情景中，藉以施展掌控力，讓伴侶動彈不得，來鞏固自己的主宰地位。」

除了對關係的掌控欲會導致冷暴力，不肯對婚姻關係負責，也會導致冷暴力升級。施虐者不會直接結束關係，他會用忽視你、打擊你的方式讓你自己選擇離開，這樣他還可以以一個受害者的身分自居，你反而成了施暴者。

秦川在私自拿錢投資後，林青質問他無果，找公婆討公道，從公婆那裡拿到了投資的錢，這讓秦川覺得很沒面子，他對林青澈底失望，覺得這樣的妻子根本不符合自己當初的期待，於是對她抱有冰冷的敵意，他們的關係也降到了冰點。但他不想對這段婚姻關係負責，他用沉默的方式告訴林青：一切都是她的錯，是她的矯情和自以爲是毀了這段關係。無論她怎麼委曲求全都改變不了兩人的關係，一切已無力挽回。他要讓林青對這段婚姻關係負責，獨自承擔最終的後果。

在旁人看來，秦川好像一直沒什麼過錯，沒有家暴，也沒有出軌，甚至都沒有和林青吵過架。沒有經受過冷暴力的人是無法體會到林青的痛苦的，秦川要讓所有人都覺得，林青是導致婚姻失敗的罪魁禍首。包括林青自己，也會懷疑自己是不是有問題。

所以，林青才會寫信找我傾訴，儘管關係結束了，她卻依舊沒有從冷暴力的傷害中走出來。如果，你也正在遭遇與林青類似的經歷，也在被伴侶冷暴力傷害，你不妨嘗試以下幾種做法。

1. 自我覺知，看清自己處於受虐者的位置

受虐者對於關係的邊界認知是過度負責，因此受虐者要認清虐待的過程，明白自己爲婚姻關係的衝

突負全部責任是不合理的。要懂得守住自己的邊界，明確哪些是自己的責任，並且要求對方承擔他應負的責任。

客觀冷靜地分析問題，尊重自己的感受，不要自我懷疑。施虐者最大的目的就是讓受虐者陷入自我譴責來為自己開脫。如果你真的開始自我懷疑，他的陰謀就得逞了，你就成了冷暴力的「共謀者」。了解冷暴力的手法和行為模式對於瓦解虐待行為至關重要，這是走出冷暴力傷害的第一步。

2. 轉移注意力，關注自己

冷暴力能夠對你造成傷害是因為你的關注點總是在他身上，你還對他抱有很多期待，渴望能夠改變他，改變你們之間的關係。他正是了解了這點，才毫無顧慮地對你採取冷暴力，希望控制你。

你可以試著轉移注意力，多關注自己，如果他冷著你，你就去做能讓自己開心的事，讓他明白你根本不在乎他的態度，你並沒有被他影響。一旦他看到冷暴力對你不起作用，或許就開始轉變態度了。這樣，就能打破冷暴力的惡性循環。

3. 尋求心理對抗支持

尋求身邊人的幫助，盡可能找信任的人進行傾訴，如果你知道有無條件站在你身邊支持你的人，你會比孤軍奮戰好受得多。許多家庭治療師認為，親朋好友的干預會對冷暴力有一定影響，因為當受虐者感受到別人的理解，就會產生與對方抗衡的力量。

冷暴力不是最可怕的，任由自己被冷暴力摧毀才最可怕。當你發現自己正在被冷暴力時，一定要相信自己內心的感受，認清關係中的權力和控制，盡快採取適當的措施，遠離傷害。

婚內孤獨是婚姻裡最大的絕望

最近，我收到讀者小美的一封來信，通篇都在吐槽老公的不是。她覺得自己當初嫁給這個人，真是瞎了眼。小美一直以來是一個文藝女青年，情感豐富，心思細膩，喜歡浪漫。可老公大強卻是個悶葫蘆，兩個人平時在家，常常話不投機，小美覺得老公完全不能理解自己的精神世界。

特別是生了小孩以後，大強的心思都在孩子身上，跟她聊的也都是孩子的事。小美覺得，自己雖然結婚了，但是比單身時更孤獨，雖然身邊有個人，卻感覺像不存在一樣。她覺得這樣的婚姻令她很崩潰，情感需求找不到出口。

和小美的情況一樣，很多夫妻在一起生活了數十年，卻相處成了最熟悉的陌生人。他們在一起通常無話可說，無法進行精神世界的溝通，一方會感覺非常孤獨，無處傾訴，另一方卻無動於衷。這就是「婚內孤獨」，明明結婚了，卻感覺仍是自己一個人，生活中只有無孔不入的孤獨感。

小美當初選擇嫁給大強是覺得這個男人各方面條件都很不錯，事業有成，有房有車，長得也比較帥氣，基本符合她的擇偶條件。她滿懷期待地走入婚姻，對大強的要求越來越多，希望他可以成為自己的靈魂伴侶。她希望大強溫柔浪漫，隨時回應她的情感需求，能夠走進她的內心世界，與她心有靈犀。

她將所有的情感需求都賦予大強，希望他能滿足自己，懂得自己的喜怒哀樂。可是，她發現大強不僅不解風情，還很木訥，一點也不了解她的心思，幾乎不會做浪漫的事。

她和大強在很多事情上觀念也不太一致，溝通總是很不順暢。這樣的男人，這樣的婚姻，根本不是她期待中的樣子，小美怨氣越來越重，大強也離她越來越遠。久而久之，大強為了避免吵架衝突就選擇少說話，兩人的交流也就越來越少。

小美對大強抱的期望越大，失望也就越大。其實，小美一開始看中的是他的外在條件，覺得他應該是一個理想的結婚對象，便將自己所有對婚姻的期待都寄託在大強身上。小美的這份孤獨感其實是來自期望的落空，她對婚姻和另一半的期望太高，以為結了婚，對方就能滿足自己所有的情感需求。

這也是很多人存在的問題，他們把婚姻想像得太完美，對婚姻沒有正確的認知。殊不知，從來沒有一段婚姻能夠滿足你所有的期待，也不會有一個完美的人滿足你所有的情感需求。婚姻只能解決你的部分問題，另一半也只能滿足你的部分情感需求。婚姻不過是一場求仁得仁的親密關係，能夠解決你的核心需求已是一種幸運。

對小美來說，老公大強會賺錢、長得帥氣、對家庭有責任心，也懂得心疼人，基本滿足了小美最初對婚姻的需求。只是隨著兩人的結婚時間越來越長，小美越來越不滿足，對大強的期待也越來越多，希望他能變成自己期待中的完美樣子。但是在婚姻中你能夠改變的只有自己，想要改變對方往往結果只能是失望。誰更痛苦，誰就去改變，這才是婚姻的眞相。

如果你把所有期望都寄託於一段婚姻關係，把所有情感需求都寄託於一個人，你一定會失望。只有你自己，才能滿足自己的所有期待，沒有人有義務爲了你的期待而生活。在婚姻裡，我們對另一半投射的各種期待其實是自我缺失的部分。正是因爲我們自己身上缺失那些東西，我們才不斷向外索取。

作家麥基卓在《懂得愛》一書中寫道：「人在關係中選擇具有特定特質的人，以符合內在的形象。」簡言之，人都有既定的想法，認爲什麼人會是完美的伴侶，然後被符合這種形象的人吸引。他們相信自己能和這個理想人物建立關係，借此解決生活中的缺憾與不安全感。問題在於尋找某人來滿足自己浪漫的願望時，會把重心放到自身以外，於是變得軟弱、不認識自己、無法和他人進行有關懷的對話。在關係中，伴侶會成爲他們擁有的對象，而不是一個眞實的人。

小美在這段婚姻關係裡把大強當作一個理想的結婚對象，而不是當作一個眞實的人。她沒有試圖去眞正了解大強，只是一味地向他索取，要求對方滿足自己的期待，其實這正反映了她內心的空虛，需要對方來認可自己，才能獲得自我認同感。

一旦人們對自我的認同要靠別人來滿足，也就失去了自我的完整性。在婚姻裡，夫妻雙方不一定需要志趣相投、精神世界共通，只要自己擁有完整豐富的精神世界，就不會因爲對方沒有滿足自己而感到孤獨。

內心的孤獨，與另一個人並沒有太大關係。簡單點說，你不會因爲一個人變得更加孤獨，也不會因爲一個人而不再孤獨。孤獨不以任何人的存在而有所改變，只是自我內心狀態的投射。一個人最好的伴侶不是別人，而是自己的心，懂得自我滿足，才能建立健康的親密關係。走出婚內孤獨，你可以嘗試以下幾種做法。

1. 學會自我滿足

你可以去做一些自己喜歡的事，當你眞正投入自己熱愛的事時，你的內心也就變得充實，比如閱讀、寫作、聽音樂、看電影、烹飪、運動，等等。只要你能全身心投入一件事中，孤獨反而會成爲一種能量，幫你催生出更好的自己。當你更多地向內求，專注於自我的成長，你的內心會越來越豐富，便不再被孤獨困擾。

2. 積極溝通

除了學會自我滿足外，你也需要嘗試和另一半積極溝通。想讓另一半能夠多了解你，首先你得先去了解另一半。溝通的基礎是學會積極傾聽，你可以多去聽一聽對方的需求是什麼，而不是總是希望對方能夠滿足你的需求。

當對方能夠感受到你對他的尊重和關心時，自然也就表現出更多的應答性，積極回應你的需求。人心都是相互的，你想要別人怎樣對你，你首先要去怎樣對別人。

學會積極傾聽是良性溝通的第一步，然後你要去精確表達出你的需求，而不是總是想讓對方去猜。

很多人總是覺得一個人如果眞的懂自己，應該不用說也知道自己想要什麼，希望對方有讀心術，任何時候都能讀懂自己的喜怒哀樂，喜歡什麼，不喜歡什麼。如果對方讀得不對，就覺得是他不夠愛自己，不在乎自己。

試想一下，你能在任何時候都能讀懂另一個人的心嗎？你可能都做不到的事，爲什麼覺得別人能做到呢？就算你可以做到，也不代表你的另一半可以做到。你不表達出來，他可能就不知道你想要什麼。與其讓對方猜來猜去，獨自神傷，不如開誠布公地說出你的想法，讓對方更了解你，也能更好地滿足你。

言語交流是親密關係中非常重要的一部分，任何時候，都不要吝嗇去表達自我。只有不斷地表達自我，深入交流，兩顆心才能越來越近，彼此的親密感才能不斷增強，孤獨感也就會漸漸消失。

夫妻關係的親密度，不是一方完全滿足另一方的期待，我們更多的時候需要自己取悅自己。成熟的夫妻關係，不是把自己的期待強加在對方身上，或者爲了成全對方而放棄自己，而是眞正實現精神上的獨立。

與一個人結婚，不是爲了滿足自己的慾望，而是兩個人能更好地在婚姻中共同成長。在婚姻裡，只有盡量保持自我的獨立完整性，不再總是對外索求，不過分將自己的幸福建立在對另一半的期待上，才能在彼此的相處中獲取更多的能量。

過度付出，是婚姻的隱形殺手

在情感諮詢中，我經常會聽到很多諮詢者抱怨：爲什麼我對他付出了那麼多，卻落得一無所有的下場？難道他就看不到我的付出？我付出那麼多，難道錯了嗎？

小丁的案例很有代表性，她是一個很善解人意的女孩，是典型的賢妻良母。她很愛她的老公，她覺得愛一個人就是要為他付出所有，不圖任何回報。她為了照顧兩個孩子和公婆，辭去了自己的工作，成了全職太太。

她每天把家裡打掃得乾乾淨淨，想方設法為老公做可口的飯菜，自己手頭的存款也都拿來給孩子和老公買吃的、用的、穿的，很少考慮自己的需求。她從不讓老公插手家事，她覺得男人負責賺錢養家就夠了，家裡的一切都由自己操持。

漸漸地，她老公每次回家，鞋襪一脫就躺在沙發上看電視，什麼也不幹。小丁還經常切好水果，端一杯水放在他旁邊，方便他吃喝，幾乎把老公寵上了天。她說，我一定要讓他覺得回家就是一種享受，讓他愛上回家的感覺，讓他覺得我是不可替代的。

可是，小丁幾年如一日的付出換來的卻是老公的出軌。小丁怎麼也想不明白，自己為他都做到這個程度了，他怎麼還不滿足？為什麼還要找小三？她質問老公為什麼要這樣對她。

她老公卻說：「你的付出經常讓我覺得喘不過來氣，你太能幹了，家裡好像根本不需要我，我也感覺不到你需要我。我想要的是一個可以和我聊得來的女人，而不是一個只會做家事，伺候我的『保母』。」

小丁聽到這話，非常生氣。她覺得自己太可悲了，她以為為老公付出所有，不求回報，他肯定會越來越離不開自己，離不開這個家。沒想到，到頭來自己所做的這一切就是一場笑話。

在這個案例中，我想討論的不是小丁老公出軌的問題，而是小丁在這場婚姻裡過度付出的問題。小丁老公在這場婚姻裡得到了太多，也太容易得到這一切，這反而讓他變得有恃無恐，他理所當然地享受著小丁的付出。

婚姻裡最大的悲哀，莫過於一個人不斷付出，而另一個人卻熟視無睹。小丁以爲只要自己不斷付出，對方就會感激涕零，那只不過是她一廂情願的自我感動，她付出了所有，對方卻不屑一顧。沒有回應的付出，到頭來只是一場空，不僅失去了婚姻，更失去了自我。

小丁當初的付出有多大，現在受到的傷害就有多深。是她親手用一直以來無原則、無底線的付出，打磨著這把肆無忌憚傷害她的利劍。正是因爲她太好了，她的好無以復加，讓對方喘不過氣，也沒有回報的餘地。

其實，愛也有邊際效應遞減規律。也就是說，當一個人的付出增加時，會換來一定效果，但是當付出持續增加時，效果的增加會越來越少，直到最後，無論付出如何增加，效果都不再增加。

如果一方一直無條件地向另一方付出，對方就無法在感情關係中顯示自己的責任心和擔當，有些不負責的人就會用找第三者的方式來滿足自我價值。過度付出模糊了夫妻彼此的界限，混亂了彼此的責任，打破了家庭的平衡。

很多人以為，自己付出越多，對方就會越覺得幸福，其實不然。心理學上有「公平理論」，是指只有在伴侶貢獻較多，同時也得到較多時，親密關係才是公平的。公平理論認為，處在不公平的親密關係中的任何一方都是緊張的。我們都能理解為什麼獲益不足的伴侶會不快樂，但其實過度獲益的伴侶雖然得到很多好處，卻也感覺不快樂，因為他們在一定程度上會有負疚感。只有伴侶雙方都得到公平結果時，每個人才最為滿足。任何人在面對公平關係的偏離時都會感到苦惱，到最後都會厭惡不公平，會想方設法改變或逃避不公平的關係。

過度付出者一般會覺得，只有不斷付出，自己才會被愛，並且付出越多，對方就會愛自己越多。他們的價值感來源於別人對自己的認同和肯定，只有不斷地對別人好，才能彌補內心的不安全感。

他們經常會打著「為你好」的名義控制對方。所以，他們在付出的同時，實際上也是在「索取」，索取對方的認可和感激。他們自己或許並沒有意識到這一點，以為自己的付出不求回報，但無形中卻在給伴侶施加精神壓力：我已經對你這麼好了，你應該更加愛我。

在不公平的親密關係中，接受者為了減少內心的負疚感和壓力，會發動自己的防禦機制來減少這些不舒服的感覺。在接受伴侶付出的初期，他們可能也會用同樣的行動回饋伴侶。但時間長了，他們發現，無論自己怎麼做，也不如伴侶努力，根本沒有自己發揮的空間。伴侶好像也並不在乎他是否付出，自己是否付出對關係也沒有什麼實質性影響，那不如就心安理得地接受伴侶的付出。

當完全接受伴侶付出時，他們為了掩飾內心的負疚感，防禦機制會再次啓動。他們的潛意識告訴自己：那是他心甘情願做的，並不是我要求他做的。久而久之，他們就會把伴侶的付出當成理所當然，伴侶的付出在他們的眼裡也就越來越沒有價值。他們不想再承受伴侶施加給自己的精神壓力，最後很可能會選擇逃離這段關係。

心理治療師海靈格說過：「最好的關係是彼此慷慨地付出和坦然地接受，透過這種交換，雙方的接受和付出達成了一種平衡，且彼此都感到自己在這個關係中富有價值。」

在婚姻關係中，很多人都扮演著無怨無悔付出者的角色，另一方被動地接受，這種不平衡的關係只會讓彼此漸行漸遠。因為付出方會越來越累，接受方也會習以為常，漸漸覺得對方並不需要自己。這樣一來，雙方的價值感都會越來越低。而長久穩定的婚姻關係一定是雙方的價值都能被不斷地滿足，這就需要雙方都有所付出。當雙方都付出了，就會為了自己的付出，更好地經營這段關係，更加珍惜彼此。令人感到遺憾的是，有的時候，一段婚姻關係的瓦解，付出者往往是始作俑者。過度付出，是婚姻的隱形殺手。

如果你在婚姻中正扮演著過度付出者的角色，請停下來，聽一聽自己內心眞實的聲音，想清楚自己眞實的需求是什麼。你這樣無條件地付出，眞的開心嗎？還是覺得只有如此付出，才能得到伴侶的愛？同時，也不妨去聽一聽伴侶內心的眞實需求是什麼。他眞的希望你這樣付出嗎？他想要的是能和他平等溝通、互相理解的伴侶，還是只知道付出，不懂得互動的伴侶？

當弄清楚自己的眞實需求時，你才能眞正愛自己，而不是總是在索取伴侶的愛，企圖透過不斷付出獲得伴侶的認可和依戀。當弄清楚了對方的眞實需求時，你就不會只是一味地付出，覺得對方需要這樣的付出。

你會試著根據他的眞實需求，以他需要的方式去愛他，你愛得自如，他受得幸福。只有懂得愛自己愛他人，彼此內心的眞實需求都能得以滿足，雙方才能在這段關係中感受到眞正的親密。

好的婚姻，一定是夫妻雙方勢均力敵地付出，只有相互付出，相互滋養，才能爲愛搭建一座穩固的橋梁。愛不是單方面的付出，而是一場雙向的流動，在愛的流動中，夫妻雙方的能量才會越來越富足，婚姻也會越來越幸福。

打破精神控制，活出獨立人格

在我的讀者朋友中總有這樣的女人，她們明明自身條件很好，工作出色，生活也充實，但一進入親密關係中就跟變了一個人似的，變得自卑敏感，患得患失，總是處在自我懷疑中，小心翼翼地維護著自己的感情。芳芳就是如此。

芳芳和男朋友小輝戀愛兩年多了，對待這份感情依然患得患失，沒有安全感，因為小輝總是對她忽冷忽熱。芳芳自身條件其實很不錯，她性格溫柔，長得也算好看，有著穩定的工作，上進心很強。可是面對小輝，她總是覺得自己配不上他。小輝告訴芳芳自己喜歡短髮女生，那樣很酷。她為了變成小輝喜歡的模樣，狠心把自己的一頭長髮剪短了。小輝喜歡有點肉肉的女人，覺得那樣會更性感。芳芳就刻意增肥，把原本苗條的自己變成微胖的樣子。小輝不喜歡女人穿裙子，說穿短褲的女人更有個性。芳芳就把自己所有的長裙收起來，和小輝在一起時總是穿著短褲。

儘管芳芳在努力把自己改造成小輝喜歡的模樣，小輝依舊經常打擊她：「你怎麼這麼笨，一點小事做不好」「你太情緒化了，真的很幼稚」「你太古板了，有點不知變通」「你這樣一點都不可愛，有點無趣」……

無論芳芳做什麼，小輝都能挑出毛病來。他經常把芳芳說得一無是處，還說是為了芳芳好，希望芳芳能夠變得更優秀。芳芳剛開始還覺得很挫敗、很憤怒，懷疑自己的同時，也會為自己辯解，企圖得到對方的認可。

最後，她發現自己無論怎麼和小輝爭論，也得不到他的認可，自己好像真的很差勁。他說的都是對的，只有按照他說的去做，才能得到他的認可。於是，小輝越是打壓她，她越是覺得自己需要做更多，變得更完美，才能配得上小輝。

其實，芳芳在無形中被男友小輝精神控制而不自知。在心理學中，這一種十分普遍又隱祕的情感虐待和操縱現象也被叫作「煤氣燈效應」。它指的是在一段「共謀」式的關係中，一方作爲操縱者，扮演凡事都正確的角色，以此保持自己的身分認知和握有實權的感覺；而另一方作爲被操縱者，任由操縱者定義自己，把他過度理想化，總期待得到他的認可。

煤氣燈操縱非常隱蔽，它其實是利用了人們內心深處的恐懼和對被理解、被欣賞和被愛的渴望。當深愛的人以非常確信的方式說出某些話，這些話聽起來又有些許道理，又或者觸及了伴侶對愛的渴求，伴侶很難不去相信他。煤氣燈操縱者需要扮演凡事都正確的角色，被操縱者又需要獲得他的認可，於是煤氣燈操縱就會持續下去。

簡單來說，容易被精神控制的人情感上基本都是匱乏的，十分缺愛。他們迫切希望得到伴侶的認可和肯定，哪怕伴侶一直在貶低、打壓自己，他們也覺得伴侶是對的，是在幫助自己成長。他們覺得只要努力改變自己，讓自己變成對方期待的樣子，就能得到對方的認可和愛。

我的朋友芳芳就是這樣，她一直比較缺愛，內心很期望得到認可。她出生於一個重男輕女的家庭，在家裡排行老二。父母生了姐姐後，一直都想要個男孩，好不容易再生一個，結果又生了一個女兒，就是芳芳。

因此，芳芳從小就不受歡迎，爺爺奶奶甚至都沒帶過她，父母也覺得她是個累贅。為了再生一個，在芳芳一歲多時，家裡就把她送給外婆帶了。等到弟弟降臨，芳芳在這個家更是多餘的人，她的整個童年都是在外婆家度過的，沒有得到過父母的寵愛。成長在這樣的家庭裡，芳芳內心深處一直覺得自己是不配被愛的，她把父母對自己的忽視歸因於自己不夠好，不討人喜歡。

所以，當她走入一段親密關係中，只要對方稍微對她好點，說愛她，她就會緊緊抓住這份愛。因為從小沒被好好愛過，她不知道真正的愛是什麼樣的。以為只要有人願意對她好，和她在一起，給她溫暖的擁抱，一直陪著她，就是真正的愛了。

她好不容易得到男友的愛，哪怕這份愛已經在無形中操控著她的精神世界，她也甘願受困其中，因為她太害怕「被拋棄」的感覺了。於是，她越發渴望獲得對方的認同，她認為只有獲得伴侶的愛和認可，才能證明自己是一個值得被愛的女人。如果再被拋棄，那就證明了自己的一無是處。而她實現認同的途徑就是無條件滿足對方，不僅在看法上認同，也試圖從行為上去改變，從內而外，完全變成了對方的木偶。

心理學家羅賓・斯特恩在《煤氣燈效應》一書中寫道：「我們極度渴望某段關係有好結果。離開或疏遠一段關係都可能會引發嚴重的孤獨感。它似乎遠比最糟糕的煤氣燈操縱還要痛苦和可怕。於是我們把煤氣燈操縱者理想化，而不去面對令人不悅和不滿的現實。」

被操縱者越是缺愛，就越容易被操縱。他們覺得只要自己再努力一點，變得再優秀一點，就能得到對方的認可。他們幻想靠自己的努力，就可以改變當下的親密關係。實際上，這種現象的根本是他們的內心小孩想要改變過往與父母的關係，改變童年時無法掌控的事情。可最終，他們讓自己反覆深陷到熟悉的痛苦中無法自拔。

他們越是無條件滿足對方，對方就越是變本加厲地打壓、無視他們，他們就越得不到愛，甚至得不到尊重。他們反過來更迫切渴望得到愛和認可，從而進入一種惡性循環。他們只關注到自己是否被愛，很難意識到自己被對方操縱了。

任何一種關係，本質上都存在權力的博弈，即誰主導以及如何實施並強化這樣一種主導地位。這裡要引入「投射性認同」的心理學概念做進一步解釋。投射性認同是一個人誘導他人以一種特定的方式行動或者做出反應的人際行爲模式。

精神控制的核心問題是權力，操縱者試圖用某些方式來確認自己的權力，比如操縱者透過言語和行爲的打壓、侮辱並貶低對方，誘導對方去相信自己的軟弱無力，隨時向對方傳達著「你無法離開我而生存」的訊息，對方是虛弱的、無能的，而操縱者是強大的、正確的，來確保他的地位。這其實就是操縱者「投射性認同」的過程。

被困在精神控制裡的人往往都是無意識的。只有從根本上認識到正是自己內心情感的匱乏，導致自己進入這種不平等的關係模式，才能擺脫這種惡性循環。如果你正在被精神控制，想要獲得改變，你可以嘗試以下幾種方法。

1. 相信你的直覺，關注你的內心感受

當你在一段關係中總是被否定、被打壓，你覺得很自卑、很痛苦時，你要重視這些內心感受，相信自己的直覺。眞正好的關係，一定是輕鬆愉悅的，可以讓你做眞實舒展的自己。

一個眞正愛你的人，一定會以你舒服的方式愛你，和你一起成長。無論你做得好與不好，他都不會打壓你、輕視你，他會無條件接納你、包容你，你會變得越來自信，越來越有力量。

如果你覺得一段關係讓自己的價值感越來越低，要相信那不一定是你自身的問題，也許是這段關係模式出現了問題。如果你發現自己正在被精神控制，趁早結束它是最好的選擇。

2. 無條件接納自己，給予自己力量

被操縱者通常都是內心缺乏力量的人，他們需要靠別人來肯定自己，給自己力量。所以，改變的根本就是學會給予自己力量。《煤氣燈效應》一書也給出了一些具體建議。

- 列出你的優點。
- 質疑自我批判或否定的想法，比如「我一無是處」或「我永遠也不會開心」。
- 做讓你覺得自己很有能力的事。
- 避開對你持有負面意見、消耗你精力的人。
- 接觸看得到你的優點並支持你的人。
- 利用你的優點應對挑戰。

只有你從內心深處無條件接納自己，不再把對自身價值的肯定建立在別人的評價上，學會肯定自己，永遠愛自己，你才有可能擺脫別人的操縱。

3. 停止僅靠自己就能改變糟糕關係的幻想

改變一段關係，從來不是靠一個人單方面的努力，而是需要雙方共同努力。如果一段關係總是需要你去改變，對方卻從不改變，你就要好好審視下這段關係是不是平等的。如果一開始就是不平等的關係，無論你怎麼努力都無法改變，你越努力，關係反而越不平等。

愛從來不是乞求來的，而是吸引來的。你總是在努力變成他想要的樣子，其實就是在乞求他來愛你。你需要做的不是改變自己，而是活出眞實的自己，展現出自身獨有的魅力，吸引來眞正懂你、愛你的人。

你要意識到你的內心小孩已經長大了，不需要再依賴別人，你已經有能力照顧好自己。活出獨立人格，才能打破精神控制。你對愛的需求，不是來自內心的匱乏，而是基於對愛的嚮往，有這樣的態度才有可能遇見平等良好的關係。

人本主義心理學家羅傑斯曾說：「眞正的愛是建立在尊重與平等之上的，任何以愛爲名的打壓與踐踏都是愛的謊言。」每個人都渴望愛與被愛，但你需要知道什麼是眞正的愛，才有可能獲得眞愛。

如果你也深陷在一段糟糕的關係中，請不要責備自己，更不要看低自己。你只是極度渴望被愛罷了，這不是你的錯。你也要知道，你是可以選擇結束這段糟糕的關係的。你要相信，你值得被認可，被好好愛，幸福的親密關係正在未來等著你。

PART 5

做更好的自己，提升溝通品質

你的依戀類型，決定了你的親密關係模式

我有個朋友叫林浩，今年三十五歲，談了很多次戀愛，就是不肯結婚。幾乎在每段戀愛中，當他感覺到對方想結婚，想要和他建立穩定長久的關係，對他太過依賴時，他就開始選擇逃避，不想被這段關係束縛。所以，他的每段戀愛經歷幾乎都沒超過兩年。

而且，他特別容易被那種非常獨立的，比他強的女孩吸引，最好對方身上有他沒有而他又特別渴望擁有的東西。他覺得那樣的女孩很有魅力，能力強又獨立自主，不會依賴他人。跟這樣的女孩談戀愛，他會覺得很省心，不用擔心她們總是會黏著自己，也不必做出承諾。

林浩內心深處渴望得到愛，但又害怕彼此關係太過親近。所以，他一般在親密關係中也不會完全曝露真實的自己。他說，過於曝露自己容易讓自己陷入被動狀態，萬一真實的自己不被喜歡，又或者讓對方抓住了弱點，自己要想抽身就很難了。因此，他總是對伴侶若即若離，保持神祕感。

其實，林浩在親密關係中的表現與他早期形成的依戀模式有很大關係。他的父母感情一直不好，經常吵架，媽媽一吵架就會對林浩發火。

他從小到大一直經歷著情感忽視，沒能從父母那裡獲得足夠的情感關注。所以，他漸漸形成恐懼

型依戀模式，想要親近媽媽，又害怕親近媽媽。父母不和諧的婚姻關係也讓他對婚姻充滿了恐懼。所以在成年後，這種早期依戀模式也延續到了他的親密關係模式中。他喜歡保持戀愛的狀態，但又不想對一段關係負責到底。一旦關係太過親密，對方的依賴超出自己能承受的範圍，他就開始逃離，結束這段關係，然後再開始另一段關係。

人際關係專家巴塞洛繆指出，人們避免和他人親密接觸，有兩種原因：一種情況是人們期望和他人交往，但又對他人戒心重重，害怕被人拒絕和欺騙；另一種情況是人們獨立自主、自力更生，眞正地喜歡我行我素和自由自在，而不願意與他人發生緊密的依戀關係。

因此，巴塞洛繆在前人的基礎上，根據人們在關係中的「焦慮」和「迴避」程度，對成人的依戀模式進行分類。其中，高焦慮的人總是害怕對方會離開自己或不重視自己，低焦慮的人則不會有這樣的擔心。高迴避的人容易對彼此間的親密感到不適，低迴避的人則樂於親近他人。

根據以上標準，他在《親密關係》一書中認爲成人有四種依戀類型：第一種是「安全型」，和兒童的安全型依戀完全相同。這個類型的人既不擔心被拋棄，也樂於親密，與伴侶既能相互獨立，又能相互依賴。

第二種是「痴迷型」，這種類型的人若要感覺心安，就得過分地依賴於他人的讚許，所以他們過度地尋求認同，沉溺於親密關係，擔心關係破裂。

第三種「恐懼型」和第四種「疏離型」反映了兩種不同的迴避模式。恐懼型的人因爲害怕被拋棄，而極力避免和他人發生深層親密關係。雖然他們希望有人喜歡自己，但更擔心自己因此離不開別人。他們總是在親密與疏遠之間掙扎徘徊，也很容易讓自己陷入分分合合的戲劇化關係之中。他們總是試圖壓抑和隱藏自己的眞實感受和想法，害怕在伴侶面前曝露自己脆弱、依賴的一面。他們迴避依戀的原因在於小時候有過被忽視的體驗，或者從小就沒有得到過「親密」的示範。

相反，疏離型的人認爲和他人建立親密關係是一件得不償失的事。他們拒絕和他人相互依賴，因爲他們相信自己能自力更生，也不在乎他人是否喜歡自己，對親密關係不感興趣。

依戀類型一旦形成，就會決定人們與他人交往時顯示出的獨特個體特徵。每個人都是由不同的經驗和特質組合而成的獨特個體，正是這些差異影響了我們的親密關係。

羅蘭．米勒在《親密關係》一書中寫道：在愛情關係中，某些依戀類型的匹配可能比其他的匹配要好得多，更讓人滿足和穩定。比如，痴迷型的人愛上了疏離型的人，就產生了依戀類型的不匹配。痴迷型的人會因對方的感情疏遠而氣餒，而疏離型的人則會因對方的依賴和干涉而煩惱。雙方都不如與安全型的愛人相處時輕鬆。

但往往不安全依戀類型的人更容易被其他不安全類型的人吸引。因爲在他們過往的依戀關係中，沒有感受過安全型依戀模式，也就很難被安全型的人吸引。

兩個不安全類型的人走到一起，親密關係就很容易出現問題。因此，不安全類型的人必須意識到自己的依戀模式存在問題，並積極改變自己，才能進入一段健康安全的親密關係中。

想要改變自己，就得先知道自己的依戀類型可能是什麼，又是怎樣形成的。隨著越來越多研究者的關注，有越來越多的證據表明，依戀風格的形成並不是由單一因素導致的。

形成依戀風格模式的因素，是一個互相關聯的整體，其中包括：生命早期與父母的關係、遺傳基因以及成人以後的戀愛經歷，等等。一般來說，有七十%到七十五%的人成年之後保持了早期的依戀風格，而剩下二十五%到三十%的人的依戀風格有所變化。

研究者認爲，這種依戀風格的轉變多半要歸因於成年以後的戀愛經歷。這些戀愛經歷的作用非常強大，甚至會顚覆人們對於親密關係的信念與態度。幸運的是，我們的依戀類型並不是無法改變的，我們可以透過自己的努力，勇於嘗試新的情感體驗，一點點去更新和改寫我們的依戀模式。

1. 覺察自己的依戀模式

當你在親密關係中總是出現同樣的問題，比如總是太過依賴對方，患得患失；或者害怕親密，無法經營一段長久穩定的關係；又或者壓根就不想與人建立親密關係，覺得親密關係都是不可靠的。你可能需要覺察一下自己是否一直深陷在不安全的依戀模式中。

你可以回顧一下自己的過往感情經歷，透過專業依戀風格測試，去確定自己的依戀模式。你也可以從下面兩個維度，來最終確定自己的依戀風格：你對親密關係的舒適程度（或者說迴避程度），你對伴侶的愛意和戀愛關係所秉持的關注與投入程度。

如果你對自己和伴侶的親密行爲感到非常享受，不過度地關注你們之間的關係，也不過分糾結於伴侶是否同樣愛你，而是任其自然發展，那麼你就屬於安全型依戀風格。

如果你非常渴望親密關係，渴望與伴侶形影不離，但同時你又對關係的最終走向有著強烈的不安全感。伴侶一點點細微的舉止，就會讓你大動干戈，那麼你或許屬於痴迷型依戀風格。

如果與伴侶太過親密會讓你感到不適，並且你將獨立和自由看得高於親密關係，此外，你不太理會伴侶的感受以及對你的評價，那麼你或許屬於迴避型依戀風格。

覺察自己的依戀風格可以幫助你更好地認識自己，同時，你也可以透過這種方式去判斷自己另一半的依戀風格。了解雙方的依戀風格，對你們的交往有著非常重要的指導意義。

2. 與伴侶保持有效溝通

在親密關係中，不同依戀風格的人會有不同的需求。這些需求各有差別，但是不分好壞。作爲痴迷型依戀風格，你會產生很強烈的親密需求，每時每刻都需要確認伴侶對你的愛與尊重。

而迴避型的人則更看重獨立需求，無論是在身體還是情感上，都希望和伴侶之間留有一定空間，保持距離感。爲了親密關係的和諧，你應該摒棄攻擊與防禦行爲，找到有效的方式來清楚地溝通彼此的親密需求。

你要相信，將自己的依戀表達出來並不會成爲你的弱點，反而可以讓你建立起自信，感到安心。當然，有效溝通的意思是，你的溝通方式不會充滿攻擊性，不會激怒對方，不會讓他感覺到自己深陷責備，而同時又讓他放下戒備，對你敞開心扉。

在心理學家阿米爾・萊文和蕾切爾・赫爾勒所寫的《關係的重建》這本書中，作者針對不同的依戀風格提出了有效溝通的策略，你可以試試以下幾種方式。

針對痴迷型依戀風格的人——你一旦感覺自己開始採取防禦行爲，就需要進行有效溝通。當你的伴侶有些話語和做法激起了你的依戀機制，並且讓你感覺自己快要爆發，想要以一些防禦行爲來反擊的時候，你需要釐清自己眞正的需求是什麼，在你完全冷靜下來以後，再去進行有效溝通。

針對迴避型依戀風格的人——在你感覺被束縛得幾近窒息時，你可以透過有效溝通向伴侶解釋，說自己需要一點空間，並且尋找到雙方都可以接受的方式。比如，在確保對方的情緒能被照顧到的情況下，嘗試著做出一些改變。

在進行有效溝通時，盡量保持以下五個溝通原則，會讓溝通更加順暢。

- 保持內心的坦誠。有效溝通需要你保持眞摯與誠懇的態度，要勇於坦露自己的情感。
- 關注自己的需求，保證你的需求得以表達出來。當然，你在表達自己訴求的同時，也要考慮伴侶的感受。在表達需求的時候，使用一些「我需要」「我感覺」「我想要」這類動詞是很有幫助的，它們可以幫助你將焦點集中於自己的需求本身，而非歸咎於伴侶身上。比如，你可以說：「你在朋友面前跟我唱反調的時候，眞的讓我很受挫，我希望你能尊重我的意見。」
- 學會強調重點。如果你僅僅平鋪直敘地表述，伴侶很難準確地捕捉到你需要的東西。這也讓對方更難正確理解你的意思，因此，你要準確地表述出困擾你的點。比如，你可以說：「當你夜不歸宿的時候……」「當你對我置之不理的時候……」
- 不要一味責怪。千萬不要讓對方感到自己自私、無能或者愚蠢。有效溝通並不意味著無限地放大對方的缺點，一味責備只會讓你偏離原來的主題，再次讓事情陷入僵局。當情緒起伏非常大的時候進行溝通反而會適得其反，因為此時的你會非常吹毛求疵。因此，你一定要在自己足夠冷靜的情況下，再開始進行溝通。

・要立場堅定，不要步步退讓。親密關係中的需求往往具有相對穩定的週期性，雖然不同依戀風格的人會覺得某些需求不太合理。但大家的出發點都是希望親密關係和諧。因此，堅定地表達需求是有效溝通的關鍵。

我們的依戀風格不是一成不變的，成人依戀理論顯示，依戀風格的形成需要很長時間，也在不斷地調整，因此我們都有可塑性。學習新的親密關係技能，什麼時候都不遲。

只有我們不斷覺察自己的依戀狀態，更加深入地了解自己，才能加強有效溝通，提升溝通品質，從而讓雙方更加適應彼此的依戀風格，滿足彼此的情感需求，甚至改變彼此的依戀風格，最終兩人變得更合拍。

當然，這需要雙方共同的努力，也需要一個漫長的過程，可能需要你們打破自我，再去重塑自我。但這一切的努力都是值得的，因為你們會收穫更和諧、更安全的親密關係模式，從親密關係中獲得更多的內在能量。

走出原生家庭創傷，建立健康的親密關係

很多人在走入親密關係時其實都帶著原生家庭的創傷。如果我們沒有意識到這點，就會在親密關係出現問題時，不知道怎麼解決或者直接逃避問題。當創傷被激發時，只有直面原生家庭的創傷，進行自我療癒，走出創傷，才能擁有一段健康的親密關係。

最近，我收到一封讀者珍妮的來信，她在信中表達了自己對於親密關係的困惑。她有過三段戀情，最後一段也就是剛剛結束的婚姻關係。在這段婚姻關係中，她的老公總是會說，他感覺珍妮並不愛他，也根本不信任他。他們總是會因此吵架，她老公覺得實在是太累了。

這次離婚的導火索是珍妮想要買一間屬於自己的房子。他們現在住的這間房子是她老公在他們婚前買的，包括車子也是。所以，這讓珍妮覺得安全感不足，她總是會想著要是哪天他們離婚了，她該怎麼辦。沒有自己的房子，終究沒有歸屬感。在她看來，有自己的房子才是安全感和歸屬感的來源。

當她跟老公說起這個想法時，她老公內心一直以來積累的不滿一觸即發，他覺得自己居然比不上

一間房子，房子能帶給她的安全感和歸屬感，自己卻給不了。

他認為，珍妮買房子其實就是做好了隨時離開他的準備，他不是不同意她買房子，是接受不了她以這樣的理由買房子。在這段婚姻中，他一直覺得珍妮根本不需要他，好像隨時可以毫無牽掛地離開。既然如此，不如就此放手好了，沒有信任感的婚姻也沒有持續下去的意義。

珍妮說，她實在不懂為什麼和她在一起的男人都會有這種想法，前兩任男友也對她說過類似的話。一個男友說過：「我覺得你根本不需要男人，我在你的生活中就是多餘的，我感覺不到你對我有任何依賴。」還有一個男友說過：「你對我缺乏最基本的信任，你最愛的永遠都是你自己，我在你的生命中只排在最末位。」

她明明愛著他們，為什麼他們都如此說自己？難道愛一個人，就必須得依賴對方，完全信任他嗎？珍妮覺得，自己一直是個缺乏安全感的人，所以非常努力地在給自己創造安全感，她不想把自己的安全感寄託在任何人身上，包括自己的另一半，這是靠不住的。難道這樣的想法錯了嗎？

安全感靠自己給，是沒錯的。但對於安全感和歸屬感的過分執著可能會在無形中讓伴侶受到傷害，信任感的缺失才是最根本的問題。信任感是一段婚姻的基石，缺乏信任感的親密關係，很難建立深度的連接，也就很容易瓦解。

珍妮對人很難產生信任，與她在原生家庭中受到的傷害有很大關係。珍妮三歲那年，被迫寄養在親戚家裡。親戚家還有一個小表妹，是大家的寶貝，大家的關注點都是她，所以珍妮常常被所有人忽視。沒人能想到她有什麼需求，她也不敢提出什麼需求。

她表達過自己的需求，也展現過自己的脆弱，但卻遭到親戚的訓斥：「你要知道，我們收留你也很不容易，你父母現在沒法照顧你，你在這裡就要懂事點，不要給我們惹麻煩。我們供你吃喝，讓你上學，你要知道感恩。」從那以後，她就學會了乖乖閉嘴，再也不敢提任何需求。這也讓她覺得自己的需求沒人會在意，她也不再相信有人能夠懂得她的需求，懂得她的脆弱。

親戚家的小表妹也常常以居高臨下的態度對待珍妮，時刻告訴珍妮，她不屬於這個家，她不配擁有這裡的一切，她就是多餘的存在。寄人籬下的日子讓珍妮始終沒有歸屬感，也缺乏安全感，活得小心翼翼。

於是，她在很小的時候就渴望擁有一間屬於自己的房子，有父母相伴，隨心所欲地生活，不必看外人臉色行事。房子似乎成了她心底的一種執念，代表了歸屬感和安全感。

兒時的這段經歷，不僅讓珍妮失去了對人的基本信任，更失去了愛一個人的能力。因爲沒被好好愛過，便不知道如何去愛一個人。所以，當她進入親密關係時，她就不敢展現自己的脆弱面，更不敢輕易去相信伴侶。

她害怕一旦展現出自己柔軟、脆弱的一面，就會被對方傷害和拋棄。她不願意給自己機會去信任任何人，好像只有這樣才有可能永遠不被拋棄，不被傷害。她已經建立起高度警覺的信任系統，給自己築起了一座心牆，也給自己戴起一個面具，很難有人能夠眞正走進她的內心世界。

所以，珍妮的歷任男友都覺得她不愛他們。因爲她對他們從來不表達任何需求，好像什麼事都可以自己搞定，也很少會表露自己脆弱的一面，更不會像其他女人那樣撒嬌。

她一貫的態度更多的是冷漠而平靜。她已經習慣了把自己的需求和感受藏在心裡，很少流露自己眞實的情緒，即使偶爾情緒外露，被伴侶發現，問起怎麼了，她也不願意告訴他們自己眞正的需求。她怕自己說了以後，他們做不到，會讓自己更加失望。事實上，珍妮的做法讓伴侶非常苦惱，好像永遠都要猜測她到底需要什麼。這讓伴侶非常有挫敗感，覺得自己不被需要，不被信任。

久而久之，伴侶在這段關係中就越來越累。而當一個個伴侶離珍妮而去，珍妮越加覺得誰也不值得信任，她似乎永遠也找不到陪伴自己一生的人了。如果珍妮不能眞正意識到原生家庭之傷給自己造成的影響，做出實質性的改變，她可能無論和誰戀愛，都無法擺脫這種惡性循環。

其實，像珍妮這樣帶著原生家庭創傷走入親密關係的人有很多，他們有各種各樣的問題，都是帶著舊有的與人相處的模式進入親密關係，無形中也把伴侶代入自己的原生家庭的某個角色中。想要打破這種不健康的親密關係，你得先走出原生家庭的創傷，並嘗試與伴侶深度溝通，讓伴侶了解過去的你，陪你一起走出創傷。你可以試試以下幾種方法。

1. 與自己的內心小孩對話，強大成年自我

你要意識到，你現在已經成年了，不再是以前那個弱小無助的小孩了，也就不用再擔心被人拋棄。

你不必再小心翼翼地生活在自己的面具下，可以放心地去信任和依賴你愛的人，哪怕最後分開，你也有能力承擔起這個結局。

你可以嘗試與自己的內心小孩對話，在腦海裡想像一下，已經成年的你正在慢慢地走向兒時的你，待你走近後，你可以握住兒時自己的手，溫柔而堅定地告訴他：你已經具備的能力，擁有的東西和愛自己的人。

你會發現，自己眞的比兒時成長了很多，也強大了很多，積累了超過兒時的力量。一路走來，雖然很不容易，但你已經擁有了自我生長的頑強的生命力。你可以面對生活中的任何困難，也不再害怕任何人的離開。

當你體會到了自身的強大力量後，你就不會總是用「受害者」的眼光去看待過去在原生家庭受到的傷害。你會知道，在成長的道路上，你比自己想像的更堅強，你可以帶著這種力量重新審視過去一些痛苦的經歷，或許會有新的體驗和感受。

2. 摘掉面具，展現真實的自己

心理學家溫尼科特說過，眞我是以內心的眞實體驗爲原動力的自我，它是我們最誠實的、最精準的自我感悟，它能夠帶領我們過上最適合自己的生活。但很多在原生家庭受到傷害的人，早已戴上了「假我」的面具，來適應無法接納和尊重眞我的家庭環境。漸漸地，他們模糊了假我與眞我的界限。有時，甚至忘了眞實的自己是什麼樣的。

過去的你，一直在逃避面對眞實的自我。因爲小時候的你只能根據原生家庭的需求來限制自我，而不是根據你內心眞正的需求和渴望來展現自我。在面具下，你失去了自己的眞實性和自由性，也失去了和他人建立深層次連接的能力。

「面具」硬生生地阻礙了你與伴侶的眞實相處，極大地破壞了關係中的信任感和親密感。你會猜疑，伴侶愛的到底是我，還是我的「面具」。你也會恐懼，萬一不小心曝露了眞我，會不會被伴侶拋棄。在親密關係中，一旦缺乏信任感，你就不會願意付出全部的眞情與眞心，也不敢更進一步地走入彼此的內心世界。

透過第一步，你意識到了自己的成年自我已經變得強大。所以，你可以試著把自己從「面具」中解放出來，向伴侶展現眞實的自己。允許自己釋放一些曾經被原生家庭禁錮的情緒，允許自己展現一些曾經被原生家庭限制的自我表現，允許自己流露出眞實的情緒，表達自己眞實的需求。這樣才能讓伴侶看到和了解一個完整的、眞實的你。這也是信任的表現，人們只有在自己眞正信任的人面前，才能毫無保留地呈現眞實的自己。

3. 與伴侶深入溝通，講述自己的故事

想要與伴侶建立深層次的連接，就不要害怕曝露自己脆弱的一面，不要害怕自己的脆弱會讓伴侶瞧不起，不要害怕伴侶無法理解自己。你可以向他講述你原生家庭的故事，這個講述的過程也是自我表露的過程，會讓伴侶更加了解你的過去，對你現在的表現有全新的理解和認識，也會更懂得包容你的不完

美。

要相信，眞正愛你的人一定會接納你的一切，也會陪伴你成長。完美的人是不眞實的，不完美才是眞實。當你完全地呈現出自己脆弱無助的一面，他能體會到一種被需要感，並且給你提供情感上的依賴。不要害怕依賴，適度的依賴才能建立彼此之間的親密感。

接納和展現眞實的自己，才能擁有一段眞實的親密關係。在這段關係中，你應該是自由的、安全的。你既能展現自己快樂、積極、美好的一面，也能曝露自己脆弱、傷痛、陰暗的一面。

只有多與伴侶進行深入溝通，在眞我的引領下，你才能找到志同道合的伴侶，與他建立信任的、自然的、眞實的親密連接。你和伴侶眞心地付出，眞誠地相處，既享受親密關係中的甜蜜美好，也直面其中的矛盾衝突。

如此，你才能更加理性、誠實地看待自己的親密關係，而不是一味地逃避親密或者把它當成彌補原生家庭傷害的工具。只有眞正直面和治癒你內心的創傷，才更有可能建立一段健康持久的親密關係。

不要試圖改造伴侶

很多人在走入婚姻以後，會發現自己的伴侶有很多缺點和毛病，與當初那個和自己戀愛的人好像有了差距，於是心裡開始不平衡，對對方的很多行爲都看不慣。其實，他的這些缺點一直都在，只是兩個人在一起生活後，他的缺點被無限放大了。

我的老公王先生一直以來是一個慢性子的人，反應比較慢，有時候跟不上我的節奏，但是他很眞誠，在我面前從不會僞裝自己，單純簡單。他的表達能力不是很好，說話也比較慢，卻給了我更多的說話機會，我本身很愛說話，他就成了很好的傾聽者，滿足了我的表達欲。他不愛說甜言蜜語，那就由我來說，我有著豐富的詩情畫意的語言，正怕無處釋放，他就成了最好的訴說對象。

在你開始嫌棄另一半的種種缺點時，有沒有想過他的這些缺點其實一直都有，你也知道，而你當初愛上的就是這樣的他，如今爲什麼不能選擇理解和包容呢？我當初看上的就是王先生的眞誠樸素、善良正直，而且無條件地愛我，他愛我並不是因爲我值不值得，只是因爲他愛我。這就夠了。

現在的我，也不見得有多好，容易情緒衝動，脾氣來了甚至六親不認，還很愛哭，而他從未對此說過什麼，只是默默地選擇了包容。我們在婚姻裡走著走著，很容易就忘了自己的初心，忘了當初我們爲什麼會選擇這個人。

在激情淡卻後，我們開始抓著對方的那些缺點不放，將它們無限放大，希望對方能夠改掉那些缺點，變得更完美。可是，這世間哪有什麼完美之人？所謂的完美，不過都是我們的想像。換位思考一下，我們能輕鬆改掉自己的小毛病嗎？

既然改變自己都很難，爲什麼還要求對方做出改變，試圖去改造對方成爲完美戀人呢？我們越是想改造對方，就越會陷入一種求而不得的死循環。我們會越來越看不慣對方，覺得對方一無是處，也會越來越忽視對方本身的優點。

朋友小雨最近總是嫌棄自己的老公不會賺錢，也沒有什麼理想，像一條「躺平的鹹魚」。工作上一直沒有什麼進展，也不見他有多著急。每天回家該看電視看電視，該睡覺睡覺。每次小雨說他，希望他能上進一點，他還很不耐煩。

其實，小雨的老公一直都是這樣，事業心不是很強，但是很顧家，家事基本都是他包了，而且他對小雨體貼入微，照顧得很周到。當初，小雨也是被他這點所吸引，覺得他是個暖男，對自己真的很好。

如今，走入婚姻後，小雨對現在的生活不滿意，看著別人的老公很能賺錢，就開始嫌棄自己的老公沒用，以前的優點現在也變成了不思進取的缺點。於是，小雨想改造自己的老公，經常把他跟別人比，刺激他，希望他能努力一點，為更好的生活不斷奮鬥。

可是，她忘了，一個人的本性是很難改變的，她老公從骨子裡就對物質生活沒有太多慾望，是比較「佛系」的性格，突然想讓他變成雄心勃勃的男人，又怎麼能做到呢？一個人只有對某樣東西有著強烈的慾望，有著很強的內驅力，才會去努力爭取。

在想改變對方的時候，我們不妨多看看對方身上的閃光點，放大那些優點，不斷鼓勵對方才是我們最需要去做的。

關於這點，王先生做得很好，這麼多年來，他一直鼓勵我發展自己的天賦優勢，做自己喜歡的事。他從始至終一直相信我有無限的潛力，從大學時就說我很聰明，頭腦靈活，反應快，學什麼都是一學就會，還很認眞專注，只要找對方向，堅持下去，一定可以很棒。

我自己都沒發現的優點，都被他看在眼裡，他總是時不時指引著我往正確的方向走。無論我作什麼決定，只要是我眞正想去做的，他都會無條件地支持。他說只要是我想好了就去做，沒有什麼大不了的。正是他一路的支持和鼓勵才讓我走上了寫作這條路，遇見了更好的自己，離期待中的自己越來越近。

當我們不斷放大對方優點的時候，我們也會更懂得欣賞對方，會越來越愛對方。同時，對方因爲我們的不斷鼓勵，也會越來越自信，激發自己的內在潛力，努力成爲更好的自己。

除了放大對方的優點外，我們還可以試著去改變自己。畢竟，改變自己比改變別人更容易。除了自己，我們無法改變任何人。很多時候，我們想要改變對方的部分，恰恰是我們自身缺失的部分。

比如，小雨想要讓自己的老公變得更努力一些，其實她自己也不夠努力，但她覺得努力奮鬥才是對的。所以，我告訴她，你想要讓生活變得更好，完全可以靠自己去努力，而不是把自己對生活的期望強加給別人，每個人都有選擇自己想要的生活的權利。儘管他是你的另一半，但也沒有義務爲你的期望努力。

後來，小雨不再想著去改造老公，開始想辦法提升自己，她一直以來喜歡讀書寫作，也想靠寫作爲自己開闢一條副業之路，於是跟著我學習新媒體寫作。

好在她肯靜下心學習，悟性也不錯，學習了幾個月就開始在一些公眾號投稿，獲得一些稿費，嘗到了寫作的甜頭，一發而不可收拾。只要有空了，她就投入閱讀寫作中，寫作水平也越來越好，每個月會有穩定的約稿和稿費，總算讓生活有了新的轉機。

當她忙於做自己喜歡的事時，自然也就沒空盯著老公了。這時，她的老公反而悄悄地發生了一些變化。他看小雨這麼努力，也很心疼她，自己也不好意思總是閒著，在工作之餘，報考了註冊會計師。當小雨在埋頭寫作時，他也跟著備考，竟然考上了，工作也因此有了新的進展。

所以，你看，當小雨總是想要改造老公時，反而適得其反。因爲每個人都不想被別人控制，尤其是男人，如果你一味地逼他努力，他反而會產生逆反心理，覺得自己的權威被挑戰，就更不想按照你的期待努力，還會離你越來越遠。

當小雨努力去改變自己時，她老公也跟著有了變化。她老公其實是愛她的，看她這麼辛苦努力，自然會心疼，自己也會做出一些努力。這種改變的動力雖然不是來自對自我成長的需求，卻來自對小雨的愛，這也是一種很強的內驅力，爲了心愛的人，願意成爲更好的自己。

親密關係就像一種能量的交流，你的一舉一動都會對伴侶產生無形的影響，你們的能量是彼此相互影響的。所以，當你的內心做出重大改變時，你的伴侶也會接收到你的能量，隨之發生很大的轉變。

心理自助大師韋恩・戴亞博士曾說：「當你改變看待事物的方式時，你所看待的事物也會改變。」當你想要去改變伴侶時，不妨先試著去改變自己，或許一切也會跟著悄悄發生變化，你想要的一切都會與你不期而遇。

你會愛上誰，早已命中注定

很多人在戀愛時可能會發現，自己總是傾向於愛上某一類型的人，或者總是陷入相似的親密關係模式中。比如，有些女人總是會愛上控制欲很強的男人，儘管覺得被控制是一件讓自己很不舒服的事，可是就算結束了這段關係，下一段關係依舊找了一個控制欲強的男人；有些女人很喜歡大叔，總是抵抗不了成熟大叔的魅力；有些女人總是被出軌，明明想找一個可靠的男人，可總是走向被出軌的結局。這種感覺就好像是，冥冥之中你會愛上誰就像命中注定一樣，似乎是一種逃不開的宿命，總在不斷重複著。

我的一個朋友周紅談過三次戀愛，每次都是因為男友控制欲太強，她最終受不了而選擇了分手。可是下次再談戀愛，她依舊容易被霸道的男人吸引，好像對這類男人上癮。

包括她現在的老公，也是控制欲很強的人，她經常跟我吐槽她老公總是喜歡管著她，為此，我們進行了一次深聊。

從和她的聊天中，我了解到她的爸爸實際上就是一個控制欲很強的男人。以前，她的爸爸在家就是一家之主，媽媽則沒什麼地位。她爸就像一個獨裁者，希望她媽和她什麼都聽他的。

如果她們哪裡做得不好，爸爸就會發脾氣罵她們。比如，爸爸規定在餐桌上吃飯不能說話，只能專心吃飯，只要她說話就會被罵。媽媽要是飯做晚了，爸爸下班回來沒飯吃，也會發脾氣。除了這些生活瑣事，她爸爸也喜歡控制她的人生選擇，包括高中選擇文理科，大學選專業，都是她爸爸決定的，她根本沒有選擇權。她一直有點怕爸爸，對他敬而遠之，可心裡又特別渴望爸爸能看到她的需求，尊重她的選擇。這些原生家庭的經歷也就解釋了她為什麼總是被霸道的男人吸引，總是遇到控制欲強的另一半，這實際上就是一種「強迫性重複」的心理現象。

強迫性重複是佛洛伊德提出的一種心理現象，指的是個體強迫性地、固執地不斷重複某些看似毫無意義的活動，或者創傷性的事件或情境，包括不斷製造類似事件，反覆把自己置身於類似創傷處境，讓自己不斷地重溫某些痛苦的體驗。

佛洛伊德在一九二〇年發表的論文《超越快樂原則》中提出了強迫性重複這個概念。他在一個兩歲孩子的遊戲中發現，當母親走開時，孩子會把他最喜歡的玩具從小床上扔出去，又會哭鬧著把玩具撿回來。過了一段時間，他又將玩具扔出去，如此反覆多次，看起來像是在玩一個好玩的遊戲。

佛洛伊德對這個行爲產生了好奇，他認爲遊戲是遵循快樂原則的，爲什麼孩子要製造這樣與快樂相悖的情境呢？他經過分析認爲，實際上這是一種充滿「掌控感」的遊戲，因爲孩子無法不讓母親離開，就把玩具當成了母親的替代品，透過不斷扔出去、撿回來的重複行爲，來模仿母親離去和回來的過程。

丟掉玩具再撿回來的這個過程是孩子可以掌控的。孩子複製出一個包含「離去」的類似場景，在這個新的場景中，孩子得以掌控事態的發展。

我們在尋找伴侶時，總是會尋找那些與我們的異性父母相似的人，因爲這是我們人生最初的關係模板。當然，也可能會找一個與他們完全不同的人，但是經年累月，我們會發現，對方跟自己的異性父母越來越像。

比如，一個從小經常目睹父親家暴的女孩也許會暗暗發誓，長大後一定要找一個溫柔體貼的老公，絕對不能有家暴發生。她終於如願以償，找到了一位脾氣特別好的老公，從不與她發生爭吵。不過，可悲的是，結婚五年後，老公對她動了手，家暴在她身上重新上演。

一個女生在經歷了父親出軌後會覺得男人都是不值得信任的，帶著這種信念戀愛，她也遭遇了背叛。一個從小在父母爭吵的家庭中長大的人，雖然無比討厭爭吵，但卻控制不住總和伴侶發生無休止的爭吵。如此種種，就像中了魔咒，一個人越是想極力擺脫，卻又容易陷入這種重複的創傷性情境。

我們後天形成的行爲模式、關係模式以及對自我的認識都來自早年與重要養育者之間的客體關係。換句話說，我們曾經是怎樣被父母對待的，會被我們在生理與心理層面全盤吸收，在成年後，我們會不自覺地採用早年習得的自動化反應模式，下意識地引導別人用同樣的方式對待我們。

很多人總是被某種類型的人吸引，這背後藏著的是某種熟悉感，就像遇到家人的感覺，這讓他們難以分清什麼是他們眞正想要的，什麼又是他們兒時的記憶。「熟悉」與是否喜愛或舒服無關，那種熟悉的模式既可能是他們喜愛的，也可能是他們想要逃開的。

這種現象，被很多心理學家解釋爲「熟悉帶來的舒適感」。也就是說，我們感到自己被對方吸引是因爲從對方身上捕捉到和自己成長背景中重要關係模式的相似點，這種熟悉感在不知不覺中引領兩人越走越近。

他們不可抗拒地被那些人的一些特質吸引著，即使那些特質曾出現在他們父母的身上，並對他們的童年造成了傷害。但他們依舊會下意識地重複早年與父母之間的關係模式，這並不是說他們想要再次受到傷害，而是他們想要掌控自己童年時無法掌控的情境，讓自己能夠有機會去改變那個令人厭惡、痛恨的父母。在熟悉的場景中用自己熟悉的模式去應對問題，會讓人更有安全感和掌控感。

在佛洛伊德看來，這些行爲都和孩子不斷「扔玩具」的重複一樣，是一種想要「掌控」過去創傷的努力，是一種「重寫歷史」的努力。只不過長大以後，比起玩具，我們更多會選擇新的人來重構類似的情境。

但在臨床經驗中，學者們發現，儘管佛洛伊德認爲人們重複的目的是重獲掌控，但現實中，人們幾乎無法如願。強迫性重複導致了更多的受難，有時是受害者自己的受難，有時是身邊人的受難。

就像周紅，總是會和霸道的男人在一起，是因爲她在潛意識裡想改變那個控制欲強的父親。她把這種期望轉移到了另一半身上，總是無意識地製造與過去相似的情境，企圖透過改變伴侶來達到改變父親的目的。但這只能讓她一次次陷入重複的關係模式中，重複過去痛苦的體驗。她要做的不應該是總想著改變父親，而是要改變自己的行爲模式，重新建立新的親密關係相處模式。

世界知名心理創傷治療大師巴塞爾・范德考克把這種現象稱爲「對創傷的成癮」。他認爲，當他們不將自己置於重現創傷的活動中時，就會有一種模糊的恐懼、空虛、無聊和焦慮感。他多年研究對創傷的強迫性重複行爲，提出了針對強迫性重複的治療思路與建議如下。

強迫性重複是一種無意識的過程，儘管這個過程會給個體提供一種暫時的掌控感甚至愉悅感，但最終它會帶來持久的無助感與失控感，還會讓個體主觀上感到「自己是有問題的」。比如，個體認爲，「我一定有什麼問題，才會讓這樣的不幸一再發生在我身上」。而對強迫性重複的治療目標則是讓個體重新獲得對當下生活的控制力，停止重複創傷的行爲、情緒以及身心反應。

1. 回到創傷的源頭，承認它們

巴塞爾認爲，強迫性重複中有一種類似成癮的特質——我們無法擺脫明知道對自己有害的人和事。他指出，是潛意識對於最初痛苦感受的否認和迴避帶來了無意識的行爲上的重複——痛苦不會消失，如果我們不去承認它們，它們就會從我們的行爲中滲透出來。

所以，要想擺脫這些具有成癮特質的行爲，關鍵是去承認痛苦。經歷過創傷的人需要了解、體會自己所經歷的創傷，描述自己當時的感受，並不等於創傷重來。當我們透過描述過去的創傷，把創傷定位到某一個特定的時間和地點，就能夠把此刻的壓力和過去的創傷區分開來。

這就是巴塞爾說的，透過對當時事件的描述和討論，我們對此時不由自主的重複行爲產生了意識層面的控制。然而，儘管描述當時的創傷事件是治療強迫性重複過程中不可避免的部分，但貿然回憶、談論過去有可能激發二次創傷。因此，在揭開過去創傷的根源之前，我們需要對目前症狀有一定程度的控制。

2. 建立安全信任的關係

巴塞爾提出，強迫性重複的病因和治療，從根本上說都是基於人們在人際關係中感受到的依戀安全程度。因爲經歷過不安全的依戀，所以我們變得過度敏感和緊張，容易採取撤退和攻擊的方式來過度應對人際關係中的一些信號。當個體採用了自己在最初創傷事件中習得的行爲方式來面對當下的處境，很多時候就復刻出了當初的結果。

要想修復過去的創傷，我們必須和另外一個人建立起安全、緊密的連接。一個安全依戀對象的存在能夠給我們提供必要的安全感，我們才會敢於去探索自己的生命經歷，打破內心的自我隔絕。正是這種隔絕把之前的我們困在重複的模式裡，我們無法接受更多新經驗去發展出新的、更健康的人格，從而把自己困在了過去。

在建立起這樣的安全依戀關係後，我們才能夠逐漸地邁入新生活，用新的視角觀察身邊的人和事，在這個過程中學習和嘗試使用新的行爲模式，帶來新的關係模式。有了這段關係作爲安全感的底線，我們能夠探索過去和現在到底發生了什麼，認識創傷的源頭，安全的依戀關係是人們回到創傷源頭的前提。

有些人很幸運地遇到了這樣一個讓自己信任的伴侶，無限包容自己，在生活中完成了自然的治癒和成長。可沒那麼幸運的人，如果想要走出創傷，可能需要尋求專業的心理諮詢師。一段安全的諮詢關係也能幫助人們降低創傷的影響，減少各種強迫性重複的行爲。

3. 建立新的認知，改寫過去的故事

心理學家埃里克森認爲，過去只是意味著過去的知識而已，而且大部分事已經想不全了。我們今天去講過去，講的是對過去的記憶，並不是眞的過去，而且我們會以現在的自我貶低的方式去重構過去。

比如，你現在覺得人生不順心、不夠好，就會由這個立場解釋過去的很多體驗，將它們都解釋爲不太好，如果你改變了現在的自我判定，那麼你的過去也會發生改變。過去是很有價值的資源，如果我們現在有新的知識或者自我欣賞的立場，那這些體驗就會造就對未來的無限可能性的指引。

所以，我們需要對過去的經歷建立新的認知，去改寫過去的故事。敘事療法認爲，每個人的行爲背後都是有故事的，而故事似乎也是一種認知。當我們講述自己生命故事的方法發生改變的時候，我們的人生也會改變。故事的講法有好有壞，好的講法有助於我們按照自己想要的方式去生活。

不要一味地覺得過去決定著現在和未來，其實現在也可以影響過去和未來。正是我們現在對於自我的定位，影響著我們對過去的解釋和對未來的規劃，這個自我定位在某種程度上是一種由當前的缺失所產生的體驗。我們在改變認知的同時，其實也就是在改變我們的生活世界。

我們以什麼樣的方式和這個世界產生關聯，實際上並非只由這個世界決定的，也由我們的成長史和此刻的意向性決定。

例如，你此刻重新塑造你跟伴侶的關係會讓你們的關係變成另外一種關係，你此刻的調整就意味著一種新的關係的產生。敘事療法中改寫過去的故事的方法能產生這樣的效果。我們需要意識到，自己已

經有能力重新書寫出一個不一樣的故事。

朋友周紅意識到了自己的問題，也學著去改變自己的行為模式。比如，她每次出門前會跟老公說一下自己去哪兒，大概幾點回來，也不會刻意不接電話。這樣一來，她老公反而不再打電話追問，還經常準時接她回家。

她突然覺得，原來老公其實一直很在乎自己，體貼自己，只是過去的她總是陷入強迫性重複的行為，忽略了老公的好，把他對自己的關心也看成了控制。如今，她的強迫性重複模式已經一點點在鬆動了。

當我們帶著自我覺察去經歷強迫性重複時，新的體驗會產生，然後一點點覆蓋舊的體驗，獲得新的成長，也就能慢慢打破強迫性重複的行爲，進入全新的親密關係模式，夫妻兩人的溝通模式也會因此而發生改變。

親密關係，就是你與自己的關係

親密關係，就像一面鏡子，能夠讓我們看到自己。很多親密關係中出現的問題，其實反映出了我們自身存在的一些問題。所以說，親密關係有時就是你與自己的關係。如果你沒有處理好與自己的關係，很多問題都會曝露在親密關係中。

我和王先生的婚姻對於我來說，也是一個不斷認識自己、自我成長的過程。我們在日常相處中，也出現過很多次矛盾和衝突，也吵過很多次架。我有時在吵架後也會陷入自我懷疑：「我是不是不配被人愛？我們真的合適嗎？」每一次吵架，都會曝露我們彼此之間存在的一些問題，尤其是我對於自己的問題看得越來越清楚。

一直以來，我都是一個情緒不穩定的人。但我對不太親近的人不會隨意發脾氣，只會對親近的人曝露情緒。和王先生戀愛後，我的情緒問題就開始逐漸曝露出來，我可能會因為一點小事不順心就脾氣暴躁，說話音量開始提高。有時甚至不給王先生開口的機會，就劈里啪啦地像機關槍一樣將他說一頓，讓他毫無招架之力。

他通常會選擇跟我講道理，但他越是講道理，我就越生氣，一點兒都不想聽他講那些大道理。我會覺得，什麼道理我不懂，還需要你來教育我？明顯就是看不起我。聽他講道理，我要麼用吼叫蓋過他說話的聲音，要麼就選擇逃跑，遠離他。

要說具體我們會因為什麼事吵架，其實現在想想，也都不是什麼原則性的大事。比如，他在外面和同事吃飯，晚上十一點了還沒回家，我給他打電話又沒人接，我就開始有脾氣了。我會想，都是有家的人，和同事吃飯還這麼沒分寸，這麼晚還不知道回家，一點責任心都沒有。如果他回家後，剛好喝得有點醉了，倒頭就睡，我就更火大了，非得拉他起來，讓他說清楚怎麼這麼晚才回家。這麼大的人，喝酒還能把自己喝醉，非喝不可嗎？

這個時候，他已經很睏了，無法和我正常交流。我看他這樣越想越來氣，可能就會大聲斥責他。如此種種，只要他做某件事不在我能接受的範圍內，我就會非常憤怒。

還有一種情況，我也會很容易發火，就是當我發現他開始有說我缺點的跡象時，我會立刻條件反射似的，大聲制止他繼續說下去。我聽不得他說我不好，比如他有時說我自私、以自我為中心、太情緒化、控制欲強。我都會馬上否認，並且提高音量，說他就是在胡說八道。我會想，我這麼有愛心、有同理心的人，怎麼會自私呢？我會覺得很受傷。為了避免觸及內心更深層次的痛苦，我會用憤怒去掩蓋某些事實。

但實際上，他說的這些問題，確實都是存在的。只是之前我一直在試圖掩飾自己的問題，不肯承認罷了，我有點害怕面對自己真實、脆弱的一面。

根據榮格的理論，當我們認爲世界就是我們所見的樣子時，我們就會無知地推測人們就是我們想像的那個樣子，所有我們無意識的念頭都不斷地投射到我們的周圍。佛洛伊德認爲，投射是關於在他人身上看到我們個人的缺點和難以承認的慾望。由於我們內在和外在的世界是緊緊相連的，所以不管是好的還是不好的，我們外在的世界會完全反映出我們內在的投射。

回到我和王先生的問題上，王先生說我的那些缺點，其實都能從我爸身上看到。在我很小的時候，我爸控制欲比較強，希望我按照他的期待去做事，最好能夠乖乖聽話，做個乖乖女，不要讓他操心。他也特別看重我的學習成績，要是我哪次成績考得不好，他就不給我好臉色看，認為我不夠努力，學習時三心二意。

我要是看電視，他就一直盯著我，讓我不要看，要好好學習，我要是不聽他的，他就會斥責我不知道心疼父母，說他們那麼辛苦工作，就是希望我能好好讀書，將來有出息。好像只要我有任何一點不符合他期待的行為都會讓他惱火，讓我覺得自己不再是個好孩子。

我爸在處理我的問題時，很難心平氣和地好好說話。他認為他就是權威，我只需要聽他的就好，他習慣用怒罵去解決問題，用憤怒去震懾我，讓我不敢跟他爭論。於是，我盡可能學會懂事，按照他的期待去成長。

但這實際上壓抑了我的內在性格，也讓我的真實自我被隱藏起來，總是以虛假自我示人。當我和王先生相戀後，出於對他的信任，會不自覺地曝露真實自我的部分，那些被我隱藏起來的部分開始慢慢浮出水面。

我也學會了我爸應對問題的方式，潛意識裡覺得怒罵能解決一切問題，好像誰說話更大聲，誰就有理。我接受不了王先生對我的負面評價，因為這會讓我想起小時候我爸否定我的傷痛記憶。

我想要控制王先生，因為我討厭失控的感覺。小時候，我總被我爸控制，現在我想成為控制方，想把一切都掌控在手裡。我很不想成為我爸的樣子，但無形中我卻還是活成了那個樣子。所謂越是逃避什麼，就越是在意什麼。

自從深入學習心理學後，我開始慢慢覺察到自己的這些問題。了解到我和王先生的很多次爭吵背後，實際上是我的問題沒有解決，和自己的關係沒有處理好。

每當我們產生衝突，我們的伴侶就像一面鏡子，反映出我們內心的矛盾和衝突。每個人都有一些未解的心結，它來自我們的原生家庭和投射中的限制觀念，這些事常常會觸發我們的爭吵或逃避行爲。但我們總是把那些未解的心結隱藏在某種屏障之下，因爲我們希望世界能夠認同自己，所以只把自己好的部分展示出來，否認身上的其他部分，我們向世界展示出來的被心理學家稱爲虛假自我。

我們向別人展示出來的只有虛假自我中能被接受的部分，而那些與我們親近的人，比如我們的伴侶則很有可能看到那些與我們理想自我不相符的部分。

當伴侶辨認出我們身上那些不好的部分時，我們通常會爲自己辯護：「我不是這樣的」，試圖保護自己。但我們就是這樣的，我們否認自己身上那些從原生家庭帶出來的部分，我們需要承認並整合自己的各個方面，尤其是藏在我們虛假自我陰影中的部分。這樣一來，我們就可以逐漸解開心結，從而變得完整，發展成更好的自己，與伴侶建立穩定的關係。

當王先生說我控制欲強、情緒化時，我會變得急於防禦，用很多理由為自己辯解，進行反擊。對我而言，情緒化、控制欲強是很不好的，我就急於去否認它。

但我現在意識到了，我必須去承認它們是真實自我的一部分，我不需要成為一個完美的人。我要做的是承認自己做得不對，而不是一味否認。

於是，我表現出真實的自己，變得更加表裡如一。當我開始曝露自己的問題時，我會覺察自己，並告訴王先生我現在的問題，請他幫助我一起克服。當我的問題曝露時，我希望他能及時指出來，督促我去改變。當我真正接納了真實的自我，就不會對王先生的負面評價那麼在意，因為那就是我的一部分，我也就漸漸能改變自己。

心理學家傑夫・艾倫的《親密關係的祕密》一書中寫道：「當你發現自己因爲伴侶對你的惡劣言行感到難受時，不妨提醒自己，這說明其中有一些課題需要你去學習，你甚至還要在心裡感謝他們爲你帶出這些課題，好讓你最終得以化解並且穿越它們。你要放下對他人的評判，同時也要放下對自己的評判，不然，那些隱藏的自我批判總會讓我們的生命退縮不前。」

我們與伴侶吵架的問題符合八十／二十法則，也就是八十％的問題與過去有關，只有二十％的問題與現在有關。所以，了解哪些問題與過去相關，努力去解決自己的問題，才能避免重複的問題不斷出現，促進自我成長。你可以嘗試以下幾種方法。

1. 覺察虛假自我中被隱藏的部分

在諮詢師朱迪斯・萊特和鮑勃・萊特所寫的《如何正確吵架》這本書中，作者給出了一個具體方法。你不再需要保護自己的虛假自我，因此，你可以列出你一直以來最想隱藏的那些部分。你可以按照從自己最能接受到最不能接受的順序，排列以下五種基本情緒：快樂、悲傷、憤怒、受傷、恐懼。

你最不能接受的那項適合作爲切入點，幫你尋找那些被虛假自我遮蔽的部分，這些部分也被稱爲「被否認的自我」或「影子自我」。想想你隱藏起來或試圖弱化的部分，如挑剔、敏感、強勢、軟弱、情緒化、膽小、刻薄。

你覺得這些特徵是不好的，如果你表現出它們，那麼你就不是個好人，因此你會隱藏、弱化或否認它們。我們過去多麼努力地否認它們，現在就需要多麼努力去改善它們。只有勇敢地去面對它們、解決它們，處理好與自己的關係，我們的親密關係才能越來越好。

2. 毫無保留地與伴侶溝通，敢於曝露真實的自我

當你們的爭吵激起了你的負面感受和隱藏在表象背後的未解的心結，你需要與伴侶分享它們。分享你內心的矛盾、不安和尷尬的部分，分享過去不願承認的憤怒和恐懼，分享童年的往事和記憶，分享你的祕密和不想任何人看到的種種自我。放下你的戒備心和防禦機制，展示你的脆弱面和眞實的自我。

如果你在爭吵中表現得不負責任，請承認；如果你感到生氣，就實話實說；如果你感覺受到了傷害，就坦誠地傾訴出來；如果你感到害怕，也請勇敢坦白。搞清楚爭吵背後的問題並與伴侶分享，可能是親密關係中最重要的任務之一，也是積極爭吵的一種方式。

你將不會害怕爭吵，不再把爭吵看作一個問題，而是慢慢學會挖掘自己潛意識層面的問題，對彼此的了解更深入，變得更有同理心。把每一次爭吵都當作曝露彼此問題的契機，打破虛假自我，走向眞實自我，爭吵也就成了一扇通往自我認識、自我成長和彼此深入連接的大門。

3. 尋求伴侶的幫助，讓他更好地督促你

你和伴侶本來就是成長共同體，你們可以互相幫助，促進彼此成長。比如，我會在和王先生爭吵後，把自己曝露的問題寫在一張張卡片上，一方面是總結分析自己的問題，另一方面也是爲了防止下次出現類似問題。在我控制不住自己的情緒時，希望王先生能夠拿出這張卡片給我看，提醒我，我的防禦機制又開始啓動了，這樣我便能馬上意識到自己當下的情緒問題。

因爲人的自控力是有限的，有時候我們很難控制自己的情緒，意識不到自己的問題。這時，如果伴侶能夠助我們一臂之力，我們就能夠成長得更快。永遠不要忘記，你不是一個人在成長，你的伴侶也在和你一起成長，兩個人一起成長的能量會比一個人的能量大得多。相信你的伴侶也很樂意參與你的成長

過程，畢竟如果你成長得更好，他也是受益者，你們的親密關係也會隨之改善。

總而言之，當你們的親密關係出現問題，經常陷入爭吵時，不要逃避，不要互相指責，不要想著換一個伴侶就能解決問題。很多時候，這些問題背後浮現出的都是你與自己關係的問題，如果你不能很好地處理好與自己的關係，換一個伴侶，結局也是一樣。只有從根源上解決問題，才能避免問題總是反覆出現。

每個人都需要在親密關係中不斷成長，沒有一勞永逸的關係，親密關係進化的過程本質上也是夫妻雙方共修的過程。當你們修煉成更完整的自己，親密關係也會隨之越來越好。

參考文獻

〔美〕阿米爾・萊文，蕾切爾・赫爾勒著：《關係的重建》，李昀燁譯，台海出版社，二〇一八年版。

〔美〕愛德華・伯克利，梅利莎・伯克利著：《動機心理學》，郭書彩譯，人民郵電出版社，二〇二一年版。

〔美〕蓋瑞・查普曼著：《愛的五種語言》，王雲良、陳曦譯，江西人民出版社，二〇一九年版。

〔英〕傑夫・艾倫著：《親密關係的祕密》，劉仁聖譯，湖南文藝出版社，二〇二一年版。

劉若英著：《我敢在你懷裡孤獨》，上海人民出版社，二〇一五年版。

〔美〕羅賓・斯特恩著：《煤氣燈效應》，劉彥譯，中信出版集團，二〇二〇年版。

〔美〕羅蘭・米勒著：《親密關係（第六版）》，王偉平譯，人民郵電出版社，二〇二一年版。

〔美〕羅納德・阿德勒著：《溝通的藝術》，黃素菲，李恩，王敏譯，北京聯合出版公司，二〇一七年版。

〔法〕瑪麗・弗朗斯・伊里戈楊著：《冷暴力》，顧淑馨譯，江西人民出版社，二〇一八年版。

〔加〕麥基卓，黃煥祥著：《懂得愛》，易之新譯，中國法製出版社，二〇一九年版。

〔美〕納撒尼爾・布蘭登著：《羅曼蒂克心理學》，孫尚奇譯，文匯出版社，二〇〇三年版。

〔德〕西爾維亞・洛肯著：《內向心理學》，王榮輝譯，北京日報出版社，二〇一九年版。

〔美〕小馬克・博格，格蘭特・布倫納，丹尼爾・貝里著：《假性親密：貌合神離的關係，何以得救？》，張磊譯，華東師範大學出版社，二〇二〇年版。

〔美〕亞歷山德拉・所羅門：《一生的親密關係：探索自我，勇敢去愛》，汪暢譯，人民郵電出版社，二〇二一年版。

〔美〕約翰・戈特曼，娜恩・西爾弗著：《幸福的婚姻》，劉小敏譯，浙江人民出版社，二〇一四年版。

〔美〕朱迪斯・萊特，鮑勃・萊特著：《如何正確吵架》，鍾辰麗譯，中國華僑出版社，二〇一九年版。

〔美〕約翰・戈特曼，娜恩・西爾弗著：《愛的博弈》，穆君，伏維譯，浙江人民出版社，二〇一四年版。

Barroso, A., Parker, K., & Bennett, J., As millennials near 40, they're approaching family life differently than previous generations. Pew Research Center, 2020.

Lauer, J., & Lauer, R., Marriages made to last. Psychology Today, 1985, pp.22-26.

Lewandowski, Should my partner be my best friend? Psychology Today, 2020.

Davis, K. E., & Todd, M. J., Assessing friendship: Prototypes, Paradigm Cases and Relationship Description, 1985.

Susan Campbell, A Couple's Journey, San Luis Obispo, CA:Impact Publishers, 1980.

Wang, W., & Taylor, P., For millenials, parenthood trumps marriage.

Pew Research Center, Social & Demographic Trends, 2011.

附錄：寫給在親密關係中渴望被看見的你

大家好，我是舒麗，一個百萬心理大號的主編，一個深耕親密關係十二年的作者。我和我的另一半從校園戀情走入婚姻，相愛十二年。我們走過一些彎路，也積累了些心得，我想把這些送給親愛的你。

1. 每一次爭吵背後，都藏著一個未被滿足的需求。
2. 我們總是以自己的方式愛著對方，卻不是以對方需要的方式愛他。你愛得辛苦，他也會很累。
3. 最好的親密關係，是你給他的，他正好需要。你們都在這段關係中，活出了最舒展的自己。
4. 不要渴望對方有「讀心術」，你不說，他就不會懂。
5. 經營親密關係也是一條終身成長之路，需要我們不斷修煉自己。
6. 每個人都需要在親密關係中不斷成長，沒有一勞永逸的關係，親密關係進化的過程，本質上也是伴侶雙方共修的過程。
7. 親密關係到最後，都是你與自己的關係。無論是好的關係還是壞的關係，都能讓我們實現自我成長。

8. 人性這個東西，只有了解透了，才能看清很多事。

9. 婚姻是人性最本質的反映，把這個東西研究透澈了，很多事就見怪不怪。

10. 很多人終其一生，也不過是渴望能與一個可以「看見」自己的人相伴一生。如此，那些受過的委屈、經歷過的痛苦、流過的淚，都會在被「看見」的那一刻澈底釋懷。

11. 在婚姻中，如果你對伴侶期待太多，很容易讓自己陷入無窮的期待，看不到伴侶當下所做的一切。你的注意力都集中在對他的各種期待上，從而忽略了伴侶已有的優點，如果你總是帶著挑剔的眼光去看他，就會越看越不順眼。

12. 當你不再總是想著改造對方，懂得尊重彼此的差異性，積極分享自己的感受，你們就會漸漸走出權力爭奪期，親密關係會走上一個新階段。

13. 每個人都有自己的缺點，也會有自己的個性，既然你選擇他作爲另一半，不只是和他的優點在一起，也是和他的缺點在一起。他是一個完整的人，不是一個完美的人。你只有學會欣賞他的優點，包容他的缺點，才能眞正看見他，讓愛意在你們之間流動。

14. 只要在長期的相處中，一直讓關係處於「一方不分享、另一方不過問」的狀態，即使肢體上依然同床共枕，心靈上都無法眞正看見彼此的世界。

15. 只有保持恰到好處的距離，擁有濃而不膩的親密，你們的婚姻才能做到久處不厭。

16. 世上沒有一個修煉比得上我們在親密關係中的修行。當我們致力於關係的力量，彼此之間產生親密連接時，就會發現生命再次變得有趣刺激，不再是一潭死水。我們的伴侶可以成爲我們獲得樂趣與滋養的源泉，我們將享受眞實親密關係帶給我們的幸福。

17. 內心的孤獨，與另一個人並沒有太大關係。簡單點說，你不會因爲一個人變得更加孤獨，也不會因爲一個人而不再孤獨。孤獨不以任何人的存在而被改變，只是自我內心狀態的投射。一個人最好的伴侶不是別人，而是自己的心，懂得自我滿足，才能建立健康的親密關係。

18. 好的婚姻，一定有夫妻雙方勢均力敵地付出，只有相互付出，相互滋養，才能爲愛搭建一座穩固的橋梁。愛不是單方面的付出，而是一場雙向的流動，在愛的流動中，夫妻雙方的能量才會越來越富足，婚姻也會越來越幸福。

19. 要相信，眞正愛你的人一定會接納你的一切，也會陪伴你成長。完美的人是不眞實的，不完美才是眞實。當你完全地呈現出自己脆弱無助的一面，他能體會到一種被需要感，並且給你提供情感上的依賴。不要害怕依賴，適度的依賴才能建立彼此之間的親密感。

20. 接納和展現眞實的自己，才能擁有一段眞實的親密關係。在這段關係中，你應該是自由的、安全的。你既能展現自己快樂、積極、美好的一面，也能曝露自己脆弱、傷痛、陰暗的一面。

View ⑬②

不是為了爭吵才和你在一起

如何在溝通中改善親密關係

作　者—舒麗
主　編—李國祥
企　畫—吳美瑤
董事長—趙政岷
出版者—時報文化出版企業股份有限公司
一〇八〇一九臺北市和平西路三段二四〇號三樓
發行專線—（〇二）二三〇六—六八四二
讀者服務專線—〇八〇〇—二三一—七〇五
（〇二）二三〇四—七一〇三
讀者服務傳真—（〇二）二三〇四—六八五八
郵撥—一九三四四七二四時報文化出版公司
信箱—一〇八九九臺北華江橋郵局九九信箱
時報悅讀網—http://www.readingtimes.com.tw
電子郵箱—genre@readingtimes.com.tw
法律顧問—理律法律事務所　陳長文律師、李念祖律師
印　刷—紘億印刷股份有限公司
初版一刷—二〇二三年九月二十二日
定　價—新臺幣三三〇元

時報文化出版公司成立於一九七五年，
並於一九九九年股票上櫃公開發行，於二〇〇八年脫離中時集團非屬旺中，
以「尊重智慧與創意的文化事業」為信念。

不是為了爭吵才跟你在一起：在溝通中改善親密關係 / 舒麗著. -- 初版. -- 臺北市：時報文化出版企業股份有限公司, 2023.09

面；　公分. -- (View；132)

ISBN 978-626-374-330-4(平裝)
1.CST: 婚姻 2.CST: 兩性關係 3.CST: 溝通

544.3　　112014761

ISBN 978-626-374-330-4
Printed in Taiwan